Jörn Pinske

Orchideen

Die Deutsche Bibliothek –
CIP-Einheitsaufnahme
Ein Titeldatensatz für diese Publikation ist
bei Der Deutschen Bibliothek erhältlich.

Bildnachweis:
Ambrolacus 16
Baumjohann 39
Becherer 2 r, 12/13, 18, 26, 33, 38, 52,
64/65
Bender 25, 61
Blauscheck 43
Eisenbeiss 2/3, 4/5, 7, 17, 21, 60, 65, 71,
73 l, 78, 80, 81, 82, 83, 84 l, 84 r, 89
Fa. GABI 24
Groebe 8, 31 u, 73 r
Hinz 62, 62/63, 63
Laux 11, 94, 96 l, 96 r
Fa. LENI 49
Pinske 3, 6, 9, 10, 10/11, 14, 14/15, 15, 20,
27 o, 28, 29 o, 29 m, 29 u, 30, 31 o,
44/45, 53, 54, 54/55, 56/57, 58/59, 60/61,
68, 69, 70, 72, 74, 74/75, 75, 77, 79,
80/81, 86, 87 o, 92, 93 u, 93 o, 95, 97
Redeleit 13, 22 l, 22 r, 23, 27 u, 32, 40 l,
40 r, 40/41, 41, 42, 43, 45, 48, 49, 50/51,
66/67, 67, 76, 85
Schmied 90/91
Stein 46/47
Strauß 36/37, Willner 66, 87 u

Grafik: Heidi Janiček

2. Auflage, Sonderausgabe

© 2002 BLV Verlagsgesellschaft mbH,
München

Umschlaggestaltung: Studio Schübel, München
Umschlagfoto: Reinhard Tierfoto

Druck: J. P. Himmer, Augsburg
Bindung: Conzella Urban Meister,
Pfarrkirchen

Gedruckt auf chlorfrei gebleichtem Papier

Printed in Germany ·
ISBN 3- 405-16291-2

INHALTSÜBERSICHT

Orchideengeschichte und Geschichten

»Am 13. Januar dieses Jahres (1860) trat ich eine Reise ins Innere an, begleitet von 4 Leuten und 8 Lasthieren, also eine kleine Karawane.«
Der das schrieb, hieß Benedict Roezl (1823 -1885) und war als Orchideensammler in Mexiko unterwegs. Er gilt als einer der unerschrockensten Sammler seiner Zeit. Heute würde man ihn einen Selfmademan nennen. Mit nur zwölf Jahren begann er seine Gärtnerkarriere in seinem Geburtsland Böhmen. Der Beruf brachte ihn schließlich über Deutschland, Belgien und die Vereinigten Staaten nach Mexiko. Dort betrieb er eine Obstbaumschule und sammelte Orchideen. Nebenbei entwickelte er eine Maschine zur Holzbearbeitung, bei ihrer Vorführung verlor er 1868 seinen linken Arm. Dadurch mußte er zwar seine Arbeit in der Baumschule beenden, was ihn aber nicht hinderte, seine Sammeltätigkeit zu verstärken, die ihn schließlich 40 Jahre durch Südamerika führte. Aus Kolumbien schickte er 10 000 Orchideen nach Europa, aus Panama 3000 *Odontoglossum*, dann wieder 10 000 verschiedene Orchideen wie *Masdevallia*, *Miltonia* und *Cattleya*. Dann noch einmal 3500 *Odontoglossum* aus Peru. Aber nicht nur Orchideen waren seine Beute, insgesamt waren es 800 neue blühende Pflanzen und Bäume, die durch ihn nach Europa gelangten. Ihm zu Ehren wurden viele Orchideen benannt, am bekanntesten ist *Miltonia roezlii*.

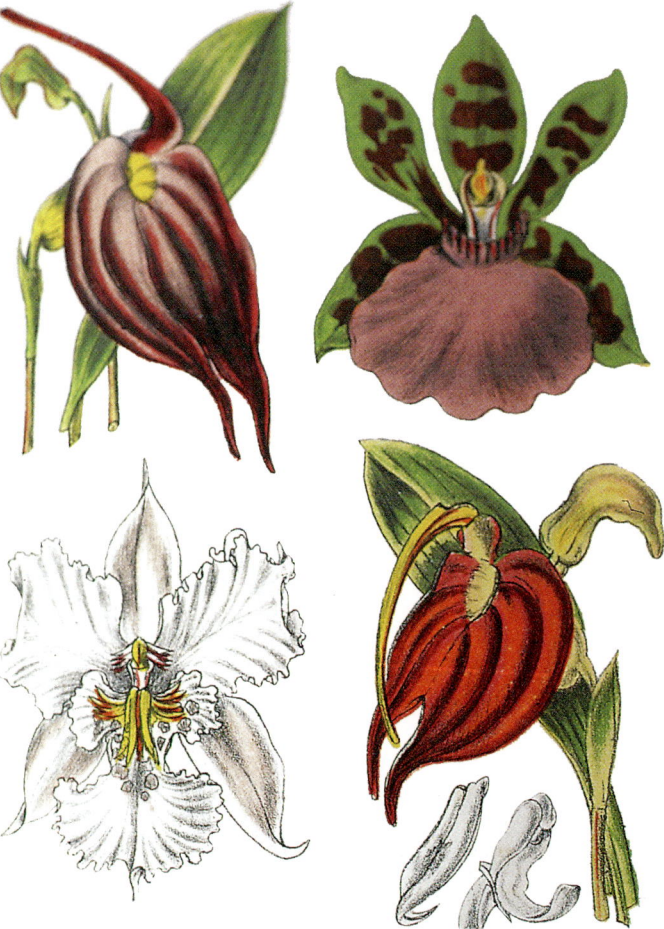

Schon in der Zeit, in der Roezl Orchideen nach Europa schickte, gab es Kulturanleitungen. Kolorierte Drucke, wie dieser von 1851, machten tropische Orchideen in Europa bekannt.

Roezl gab auch schon damals Hinweise, wie diese Orchideen in Europa kultiviert werden konnten – ein Beispiel ist die bekannte *Laelia autumnalis*.

»Mit prachtvollen Laelia autumnalis hat man in Europa keinen Erfolg, weil man sie viel zu warm und zu schattig hält, *L. autumnalis* hat hier während ihrer Ruhezeit öfter 1-2 °Kälte zu ertragen, dabei große Trockenheit und viel Licht.« Geschrieben hat Roezl diese Berichte für die **Gartenflora** des Jahres 1860, es waren sehr aktuelle Erlebnisse. Die Orchideensammler waren aber nicht nur aus botanischem Interesse unterwegs, in Europa wurden für Neuheiten viel Geld bezahlt. Ein Orchideenfieber hatte eingesetzt. 1903 wurde für ein Exemplar *Odontoglossum crispum* 60 000 Goldmark erzielt, das war eine ungeheure Summe, für die man heute eine Orchideengärtnerei bauen könnte.

Orchideen waren natürlich in Europa schon vor der Entdeckung der tropischen Arten bekannt. Frauenschuh und Knabenkraut spielten in Griechenland eine wichtige Rolle bei religiösen Zeremonien. Selbstverständlich kannte man auch in den Ursprungsländern Orchideen und nutzte sie in der Heil- und Gewürzkunde (so die Vanillenschote), in China jedoch auch schon früh als Gartenpflanze. Konfuzius erwähnt Orchideen mehrfach in seinen Schriften als Begriff für edle Schönheit: »Worte von Freunden aus einem Herzen gesprochen, sind so süß

wie der Duft der Orchideen.« Dabei hat er wahrscheinlich *Cymbidium hookerianum* gemeint.

Die erste tropische Orchidee, die 1615 in Europa blühte, soll *Brassavola nodosa* gewesen sein. Die Faszination, die von Orchideen ausgeht und das Interesse für diese Pflanzen ist bis heute ungebrochen. Übrigens, *Brassavola nodosa, Laelia autumnalis* oder *Cymbidium hookerianum* kann man heute leicht erwerben und hat dann ein Stück Orchideegeschichte zu Hause.

Vuylstekeara Edna 'Stamperland' ist eine alte Züchtung, in der man noch die Gattung *Cochlioda* erkennen kann. Durch Gewebevermehrung ist sie eine heute weit verbreitete Sorte.

Die Orchideenblüte

Es sind die Blüten, die den Pflanzen dieser Familie zu besonderem Ruhm verholfen haben – vor allem die großen, farbintensiven Blüten der tropischen Vertreter. Bei den europäischen Gattungen und Arten geht der Reiz mehr von der Form der Blüten oder anderen Merkmalen aus. Ein Beispiel dafür ist die Ähnlichkeit mancher Blüten mit Insekten (Fliegen-, Bienenragwurz). Kennt man die Vielfalt tropischer Orchideen besser, weiß man, daß sie keinesfalls immer große Blütenstände haben, sondern daß die Mehrzahl eher kleine, aber in Farbe oder Form immer besonders interessante Blüten trägt.

Eine *Phalaenopsis*-Blüte. In der Mitte deutlich erkennbar ist die Säule, vorn die dreilappige Lippe mit antennenartigen Fortsätzen und dem Kallus.

Die Blüte ist symmetrisch aufgebaut, man kann sie in zwei spielgelgleiche Hälften teilen. Der **Fruchtknoten** ist unterständig, befindet sich also unterhalb der Blütenteile. Er wächst später zur **Samenkapsel** aus. Die Blüte wird weiter durch drei **Kelchblätter** und drei **Kronblätter** gebildet. Die Kelchblätter nennt man auch **Sepalen**, die Kronblätter **Petalen**. Das mittlere Kronblatt ist immer abweichend ausgebildet; es ist meist größer, dicker und wird als **Lippe** bezeichnet. Sie kann auch wie ein Schuh geformt sein, daher kommt der Name »Frauenschuh«. Auf der Oberfläche der Lippe kann man häufig fleischige Erhebungen feststellen. Solche Kiele, Platten oder Scharten werden als **Kallus** bezeichnet. Die Lippe ist manchmal nach hinten durch einen **Sporn** verlängert, in dem die bestäubenden Insekten Nektar finden. Infolge einer Drehung des Fruchtknotens um 180° um die eigene Achse, steht die Lippe in der geöffneten Blüte nach unten und dient den Insekten als Landeplatz, denn alle Orchideen werden durch Tiere, mehrheitlich durch Insekten bestäubt. Der Staubblattkreis ist bei den Orchideen auf ein, manchmal nur auf zwei Staubblätter reduziert, die mit dem Griffel, bzw. der Narbe ganz oder doch überwiegend verwachsen sind. Man nennt dieses für Orchideen typi-

sche Organ **die Säule**. An der Säulenspitze findet man die Pollen, während die Narbe unterhalb sitzt. So kann Selbstbestäubung ausgeschlossen werden.

Schematische Darstellung der Orchideenblüte, oben ein Frauenschuh, unten eine *Cattleya*. Nur scheinbar unterschiedlich, zeigen sie doch einen gemeinsamen Bauplan.

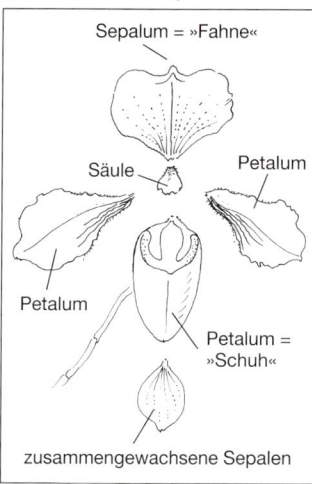

Sepalum = »Fahne«
Säule
Petalum
Petalum
Petalum = »Schuh«
zusammengewachsene Sepalen

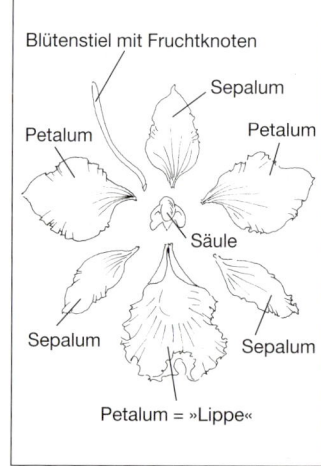

Blütenstiel mit Fruchtknoten
Sepalum
Petalum
Petalum
Petalum
Säule
Sepalum
Sepalum
Sepalum
Petalum = »Lippe«

Pseudobulben oder Scheinzwiebeln

Mit echten Zwiebeln haben die Verdickungen bei vielen, vor allen Dingen bei den epiphytischen Orchideen eigentlich gar nichts zu tun. (**Epiphythen** sind Aufsitzerpflanzen, die um dem Licht nahe zu sein, auf Bäumen leben.)
Sie bestehen entweder aus einem verdickten Stengelknoten, dann sind sie rundlich, länglich, mehr oder weniger dick oder sie bestehen aus vielen Stengelknoten (**Nodien**), die in

ihrer Gesamtheit verdickt sind. Das kann dann über den gesamten Sproß der Orchidee möglich sein. Diese **Pseudobulben**, der Orchideengärtner spricht einfach nur von **Bulben**, dienen der Speicherung von Nährstoffen, Wasser und mehr.

Bei unterirdischen Sproßverdickungen, wie sie beim Knabenkraut vorkommen, handelt es sich ebenfalls um Speicherorgane. Diese bezeichnet man dann als **Kormus**, wie er auch bei Gladiolen vorliegt. Übrigens, die Ähnlichkeit der Sproßverdickungen beim Knabenkraut mit den Hoden der Knaben, (Orchis) verdankt die ganze Familie ihren Namen. Als er vergeben wurde, wußte man von den tropischen Vertretern noch nichts.
Meist an der Spitze der Bulben befinden sich ein oder zwei Blätter. Sie sind mehr oder weniger groß, weich oder fast sukkulent. Einige Blätter überleben mehrere Vegetationsperioden, andere bleiben nur eine Saison. Manchmal sind die Blätter an den Nodien auch über die gesamte Bulbe verteilt. Einige Bulben sind mit Blattscheiden umhüllt. Bulben an einer Orchidee sind ein Zeichen dafür, daß die Pflanze im Laufe der Vegetationsperiode eine mehr oder weniger lange **Ruheperiode** durchläuft, denn nur dann ist ein Speicherorgan notwendig.
Das Verbindungsstück zwischen den Bulben wird als **Rhizom** bezeichnet. Es ist meist hart und holzig, kurz oder lang.

Bulben, hier die einer *Lycaste*, sind eine Besonderheit der Orchideen. Diese Speicherorgane verweisen darauf, daß die Pflanze eine Ruhezeit benötigt.

9

Die Blätter

Wie bei allen anderen grünen Pflanzen haben auch die Orchideenblätter die Aufgabe, mit Hilfe des Lichtes anorganische Stoffe in organische umzuwandeln, also Photosynthese zu betreiben. Sie sind daher wie bei allen anderen Pflanzen aufgebaut, äußerlich sind sie jedoch unterschiedlich. Meist sind sie am Sproß zweireihig angeordnet, sie stehen sich also gegenüber. Wie schon erwähnt, haben viele Sprosse aber nur ein Blatt, die anderen sind verkümmert, meist jedoch noch als Schuppen wahrnehmbar. Die Blattnerven sind parallel angeordnet. Die Blätter können rund, länglich, weich oder sukkulent sein. Wenige Orchideen werden sogar hauptsächlich der Blätter wegen gepflegt. Fast purpurrot, mit gelben Adern, ist beispielsweise *Ludisia discolor*, die bei uns häufig als Weihnachtsorchidee angeboten wird, zusätzlich aber auch schöne Blüten hat. Leider sind diese **Schmuckblattorchideen** schwierig zu pflegen, mit Ausnahme der *L. discolor*. Marmorierung oder Netzaderung der Blätter kommt auch bei tropischen Arten des Frauenschuhs (*Paphiopedilum*) vor. Es sind übrigens die Arten, die mehr Wärme benötigen. Mit ihren manchmal fast rötlichen, Blättern und der hellen Aderung reflektieren sie das Licht. Manchmal benutzen die Orchideen ihre Blätter auch als Spei-

Neben der Blüte ist es das schöne Blatt, das *Ludisia discolor* so beliebt macht.

cher, so die bekannte Falterorchidee, die *Phalaenopsis*. An extrem lichtreichen Standorten, reduziert sich das Blatt auf einen zylindrischen Körper, der sowohl der Speicherung als auch der Photosynthese dient.
Eine Besonderheit ist die **saprophytische** Lebensweise mancher Orchideen. Sie assimilieren nicht oder nur kurze Zeit selber und sind auf die Symbiose mit Pilzen angewiesen. Ihre Blätter sind entweder nur zeitweilig vorhanden oder auf wenige Schuppen reduziert.

Angraecum sesquipedale. Darwin hatte vorausgesagt, daß es für diese Orchidee einen Nachtfalter geben muß, der Nektar aus dem langen Sporn ernten kann. Der monopodiale Aufbau läßt die seitlich gebildete Blüte erkennen.

Wuchsform

Nach der Wuchsform kann man Orchideen in zwei große Gruppen mit einigen Übergangsformen einteilen. In der Mehrzahl sind es sogenannte **sympodial**, also mehrsprossig wachsende Orchideen. Bei ihnen endet das Wachstum jährlich in einer **End-**

knospe, erst nach einer Ruheperiode wird es an einer
Seitenknospe wieder aufgenommen. Dadurch können sich
sympodial wachsende Orchideen nach allen Seiten ausbreiten. Das Prinzip kennt man von
den heimischen Stauden. Die
andere Gruppe der Orchideen
bezeichnet man als **monopodial**, also einsprossig wachsend.
Bei Ihnen wächst der Haupt-
sproß unbegrenzt. Allerdings
kommt, entsprechend der klimatischen Gegebenheiten, das
Wachstum durchaus zum Stillstand, wird aber dann an diesem
Punkt auch wieder aufgenommen. Die zur ersten Gruppe
zählenden Orchideen lassen sich
leichter vegetativ vermehren als
die monopodial wachsenden
Typen. Die Blüten erscheinen bei
den monopodial wachsenden
Orchideen seitlich am Sproß, bei
den sympodialen endständig
oder seitenständig.

Bei einer so großen Pflanzenfa-
milie – immerhin rechnet man
heute fast 10 % aller Blütenpflanzen zu den Orchideen, rund
35 000 verschiedene Arten –
gibt es zahlreiche Abweichungen von den für die Familie auf-
gestellten Klassifizierungsregeln.

Cypripedium calceolus, unser
heimischer Frauenschuh, wächst
in einem Horst sympodial wie
viele Stauden im Garten.

Monopodialer Wuchs mit seiten-
ständiger Blüte (links); end-
ständige Blüte bei sympodialem
Wuchs (rechts).

Orchideenwurzeln

Orchideenwurzeln unterscheiden sich von den Wurzeln der meisten anderen Pflanzen. Sie sind schon äußerlich dicker, farblich meist weiß, grau oder gelblich, an der Oberfläche weich oder drahtig hart. Bei den **terrestrischen** Orchideen, das sind die in der Erde wachsenden, wie der Frauenschuh, umgibt sie manchmal ein Pelz aus braunen, gelben oder weißen Haaren. Sie verzweigen sich direkt aus dem Sproß und sind häufig als Wurzelkranz angelegt. Zwar hat auch bei den Orchideen die Wurzel die Aufgabe, Wasser und darin gelöste Nährstoffe aufzunehmen, die Atmung zu ermöglichen und die Pflanze zu verankern, aber sie hat sich dazu anders organisiert, als das bei den Pflanzen sonst der Fall ist. Die Spezialisierung an das Orchideenleben kann soweit gehen, daß die Wurzel sogar die Aufgabe der Assimilation übernimmt. Daß Orchideen sogenannte **Luftwurzeln** entwickelt haben, hängt vor allen Dingen mit ihrer **epiphytischen** Lebensweise zusammen. Wasser kann von diesen Arten ja nicht aus dem Boden aufgenommen werden. Es steht nur zeitweilig zur Verfügung, muß dann in kurzer Zeit aufgenommen und eingelagert werden. Die Wurzeln haben aber weitere Aufgaben – nicht zuletzt die Verankerung auf der Unterlage. Versucht man eine epiphytische Orchidee von ihrem Platz

zu lösen, wird das niemals ohne Beschädigung der Wurzel abgehen. Fest legt sich die Wurzel an die Unterlage, schmiegt sich flach an, nutzt dabei jede Vertiefung. Später, wenn die Wurzel bereits abgestorben ist, nimmt der Rest, wie ein Draht, noch diese Haltefunktion wahr. Die besondere Aufgabe der Wurzel als »Wohnort« der Pilze, die mit den Pflanzen in Symbiose leben, wird an anderer Stelle angesprochen.

Betrachtet man einmal eine solche Wurzel genauer, kann man mehrere Schichten erkennen. Außen zunächst das **Velamen**, eine Ansammlung von toten Zellen, die ein schwammartiges Gewebe bilden und Wasser aufsaugen und speichern können. Sogenannte Durchlaßzellen stellen die Verbindung zum Zentrum der Wurzel her, also zum eigentlichen Leitsystem. Hinter dem Velamen liegt die Außenhaut, gefolgt von der Wurzelrinde und der Innenhaut, eine eher feste Zellschicht (ebenfalls mit Durchlaßzellen). Auch bei den Erdorchideen kann man

das Velamen noch finden, was bei der Pflege berücksichtigt werden muß. Die meisten terrestrischen Orchideen wachsen auf humoser, also sehr durchlässiger Substratauflage, vergleichbar mit unserem lockeren Waldboden. Dringen die Wurzeln epiphytischer Orchideen in das Substrat ein, verändern sie sich. Sie werden mehr rund als flach und die Schichten im Velamen werden dünner ausgebildet. Bekannt sind auch mehr oder weniger waagerecht wachsende, dünnere Luftwurzeln, die wie ein Fangkorb aufgerichtet sind. In ihm sammeln sich Blatt- und

Kalthaus mit Orchideen. In der Winterzeit kann Zusatzlicht auch im Gewächshaus vorteilhaft sein.

Mit dem Neutrieb bilden sich die Wurzeln. Die meist grünlichen Spitzen zeigen, daß die Orchidee sich wohl fühlt.

Pflanzenteile, Tierkot und Kadaver; sie werden als Nährstoffe genutzt. Bei einigen heimischen Orchideen kann sich die Wurzel im Boden zu einem Speicherorgan verdicken. Man spricht dann von Sproßknollen. Eine weitere Eigenart der Orchideen: Die Wurzeln wachsen nur eine Vegetationsperiode, sie schließen mit dem Trieb das Wachstum ab, können aber voll funktionstüchtig bleiben. Mit dem Neutrieb bilden sich neue Wurzeln. Einmal zerstörte Wurzeln können also nicht regenerieren. Gießfehler, Substratprobleme, kurz alle Dinge, die zum Wurzelverlust führen, können erst in der nächsten Wachstumsperiode ausgeglichen werden.

Licht

Phalaenopsis-Hybriden werden in vielen Farben und Sorten angeboten. Erst bei der dritten oder vierten Blüte (sechs bis acht Jahre alte Pflanzen) zeigt sich die wahre Pracht.

Wie alle Pflanzen brauchen auch Orchideen Licht zur Photosynthese. Die zur Verfügung stehende Lichtmenge ist vom Standort abhängig. Einheimische Orchideen müssen mit unserem Klima vorlieb nehmen. Sie haben relativ viel Licht im Sommer, wenig im Herbst und Frühjahr und noch weniger im Winter. Das führt dazu, daß sie eine Zwangspause im Wachstum einlegen müssen. Anders die tropischen Orchideen. Ihnen steht das ganze Jahr über gleichmäßig Licht zur Verfügung, nur

Epidendrum cocheatum, eine im tropischen Amerika weit verbreitete Orchidee, hat eine enorm lange Blütezeit. Bekannt ist sie unter mehreren Synonymen (siehe S. 90).

reicht es oft nicht zum Boden des tropischen Waldes. Entstehen Lichtungen, haben die Orchideen mit ihrem langsamen Wachstum keine Chance, diesen Raum zu besiedeln. Schnell wachsende Pflanzen unterdrücken sie. Daher wachsen Orchideen in den Tropen oft als **Epiphyten** (Aufsitzerpflanzen) in Bäumen oder Sträuchern, manchmal auch auf Felsen. Man findet sie, je nach Lichtbedürfnis, in der Spitze, innerhalb der Krone oder sogar unterhalb eines Astes. Licht wird in luftiger Höhe weit besser vertragen als am Boden, da Luftbewegung den Standort erträglicher machen. Im Allgemeinen reicht das Licht im Zimmer aus. Wo Zimmerpflanzen wachsen, können auch Orchideen leben.

Temperatur

Der optimale Temperaturwert darf innerhalb einer Toleranzzone unter- bzw. überschritten werden. Die Toleranzwerte sind bei allen Orchideen unterschiedlich, bei wärmeliebenden Exemplaren, wie *Phalaenopsis,* sind sie eher kleiner als bei *Cattleya* oder *Odontoglossum.* Die benötigte Wärme zu schaffen macht sicher in der Praxis weniger Probleme, als die niedrigen Temperaturen zu bekommen, die bei manchen Arten nötig

Wilsonara-Hybriden vertragen meist mehr Wärme als ihre Vorfahren es vermuten lassen. Ihre Pflege ist daher nicht schwierig.

sind. Da sich alles Wachstum nach dem Faktor, der im Minimum vorhanden ist, richtet, ist ohne Licht Wärme nicht nutzbar – ein Problem bei allen »künstlichen« Heizquellen. Auch mehr Wasser oder Nährstoffe können mangelnde Wärme nicht ersetzen.

Die meisten Zimmerpflanzen stammen aus tropischen Bereichen, dies gilt auch für die am häufigsten kultivierten Orchideen. Sie sind in ihren Temperaturansprüchen den übrigen Zimmerpflanzen gleichzusetzen. Trotzdem gibt es große Unterschiede in den Ansprüchen: Ein Alpenveilchen möchte niedrigere Temperaturen, zumindest nachts und im Winter als ein Usambaraveilchen. Und so ist das auch bei den verschiedenen Orchideen, manche lassen sich wie Usambara-, andere eher wie Alpenveilchen pflegen. Wichtig ist es, die Temperaturansprüche

zu kennen. Aus praktischen Gründen haben die Gärtner die Gewächshaustemperatur in drei große Gruppen eingeteilt: kalt, warm und temperiert. Die nachfolgende Tabelle gibt die Temperaturen in Grad Celsius an. Dabei werden Abweichungen – siehe oben – toleriert.

Monat	Kalthaus	Temperiertes Haus	Warmhaus
Januar	8–12	15–18	18–24
Februar	9–13	16–18	19–24
März	9–13	16–20	19–24
April	10–14	16–20	20–25
Mai	11–14	18–21	20–25
Juni	12–15	18–21	20–28
Juli	12–15	18–21	20–28
August	12–15	18–21	20–28
September	10–14	16–20	19–24
Oktober	9–13	16–20	19–24
November	8–12	15–18	18–24
Dezember	8–12	15–18	18–24

Monatliche Durchschnittstemperaturen (in °C)

Epiphytisch wachsende Orchideen

Diese Orchideen werden auch als Aufsitzerpflanzen bezeichnet. In den Tropen wachsen viele Pflanzen als Epiphyten. Lichtmangel am Boden ist der Grund für das Ausweichen auf Bäume und Sträucher. Auf vielfältige Weise müssen sie sich hier an die »luftige« Umgebung anpassen. Von Luftwurzeln, die auch als Befestigungsorgan dienen, von der besonderen Verträglichkeit von hohen Temperaturen durch Sukkulenz und von den Speicherorganen wurde schon berichtet. Die einfachste Lösung ist, Epiphyten als Epiphyten zu pflegen, also aufgebunden auf Holz- und Aststücke, in Holz- oder Kunststoffkörbchen. Das kann aber nur funktionieren, wenn die Umgebung was Luft, Licht, Luftfeuchtigkeit und Temperatur angeht, tropische Verhältnisse bietet. Zu erreichen ist das nur im Gewächshaus oder in vergleichbaren Kulturräumen. Bei der Pflege im Topf, ob auf der Fensterbank, im Gewächshaus oder Wintergarten, muß das Pflanzsubstrat die epiphytische Umgebung ersetzen. Es muß immer besonders locker und luftreich sein. Die Orchideenwurzeln benötigen die luftreiche Atmosphäre, niemals darf das Substrat verdichten. Schmieriges, veraltetes, mit Moosen besetzte Erde ist ein Zeichen für Luftmangel im Substrat. Weiches Gießwasser mit nur geringem Salzgehalt ist zur Pflege der Epiphyten ebenso nötig, wie besonders viel Frischluft in der Umgebung.

Die meisten Epiphyten gehören zu den Bulben-Orchideen. Sie benötigen eine **Ruhezeit**. In dieser Ruheperiode, in der sie ungünstige Lebensbedingungen überdauern, wachsen Orchideen nicht. Die Ruhephase dauert, unabhängig von der Jahreszeit, bis zum **Neutrieb**, also bis zu neuen **Wachstum**. Manche Orchideen ruhen fünf Monate, andere nur drei bis vier Wochen.

Orchideen wachsen nicht isoliert. Erst die Gemeinschaft ermöglicht epiphytisches Wachstum, einer profitiert vom anderen. Neben den Orchideen erkennt man Farne, Flechten und Bromelien.

Terrestrisch wachsende Orchideen

Sie wachsen zwar im Boden, aber auch sie bevorzugen **lockere** Böden. Die humose Auflage im Wald oder im Gras ist ihr Lebensraum. Bekannteste Vertreter bei den Orchideen für diese Gruppe ist der Frauenschuh, *Paphiopedilum* und teilweise die Gattung der Kahnlippen, *Cymbidium*, von der allerdings nicht alle Arten terrestrisch sind.

Terrestrische Orchideen kommen leichter an das Bodenwasser, Nährstoffe stehen ihnen mehr oder weniger kontinuierlich zur Verfügung. Trotzdem benötigen auch sie eine **Ruhezeit**, die bei Pflanzen mit Sproßknollen sogar extrem lange ausfallen kann. Bei anderen, dazu gehört der tropische Frauenschuh, ist die Ruhezeit hingegen nur mit einer leichten Temperaturabsenkung und / oder geringeren Niederschlägen verbunden. Die Wurzeln der terrestrischen Orchideen sind im Boden besser geschützt. Die Einflüsse der Umgebung, Wind, Licht und Trockenheit können ihnen, zumindest kurzfristig, weniger gefährlich werden. Der Aufbau der Wurzel hat sich bei ihnen anders entwickelt. Das Substrat terrestrischer Orchideen sollten niemals ganz trocken werden, allerdings ist Staunässe ebenso zu vermeiden. Nährstoffe können entsprechend dem Wachstum höher dosiert verabreicht werden. Wurzeln werden beim Verpflanzen nur entfernt, wenn sie faul oder beschädigt sind.

Da die Lebensbedingungen der terrestrischen Orchideen ausgeglichener sind, verkraften sie Extremsituationen weniger leicht. Viele terrestrisch wachsende Pflanzen in klimatisch ungünstigen Gebieten, wie bei uns im Winter bei Frost, verlieren in dieser Ruhezeit vollständig ihr Laub. Nach dem Neutrieb beginnt ein relativ kurzer Abschnitt, in dem Wachstum, und Blüte, aber auch die Samenreife abgeschlossen werden. Bei den Epiphyten benötigt die Samenreife mehr Zeit.

Knabenkräuter müssen im Winter auf ihre Blätter verzichten, sie ruhen bis zum Frühjahr. Wachstum und Blüte, aber auch Samenreife, benötigen nur wenige Monate.

17

Substrate

Orchideen wollen ein lockeres, durchlässiges Substrat. Fälschlicherweise wird häufig noch von Orchideenerde gesprochen, gemeint ist jedoch ein **Substrat**. Um seine beste Zusammensetzung streiten sich die Gärtner, seit Orchideen aus ihrer tropischen Heimat nach Europa kamen. Favorisiert werden und wurden Stoffe, die erstens verfügbar und zweitens erschwinglich sind. Alle sind sich einig, daß sämtliche Zuschlagstoffe strukturfest sein müssen, damit sie nicht zu schnell verdichten. Sie sollen wenig oder keine Salze enthalten und leicht sauer reagieren. Einen Pflanzstoff, der für alle Orchideen und alle Orchideengärtner gleichermaßen geeignet ist, gibt es jedoch nicht. Als Grundmaterial hatten sich früher Farnwurzeln, Sphagnum-Arten und Buchenlaub als Zuschlagstoffe bewährt. Diese Zutaten, nämlich der Tüpfelfarn *Polypodium vulgare*, der Königsfarn *Osmunda regalis* und das Torfmoos *Sphagnum* spec. stehen heute unter Naturschutz, dürfen also nicht der Natur entnommen werden. Wurzeln von tropischen Baumfarnen, wie sie teilweise noch angeboten werden, sind ebenfalls strengstens geschützt. Gebräuchlich sind heute **Weißtorf** in unterschiedlicher Fraktionierung als sogenannter Hühnerstreu-, Faser- oder Brockentorf. **Schwarz- oder Brenntorf**, **Merantispäne** aus einem tropischen Baum der Gattung *Shorea* sowie **Rinden** und **Borken** von Kiefern oder Douglastannen. Sie wird als spezielle Orchideenrinde angeboten. **Kokosfasern** und **Reisspelzen** sind zwar seltener im Handel, aber ebenfalls geeignet. Manche Orchideenliebhaber benutzen Kies, Kompost und Lehm, allerdings vorwiegend für terrestrische Orchideen. Die genannten Stoffe werden in zahlreichen Rezepturen, mit

Knospen und Blüten einer *Phalaenopsis*. Bei ihr gibt es nur selten eine Ruhezeit.

Cymbidium-Hybriden wurden häufig als Schnittblumen gezüchtet. Neben Farbe, Form und Größe kam es vor allem auf die Haltbarkeit an. Cymbidien, die als Topfpflanzen gehalten werden, müssen kompakt wachsen und leicht blühen.

unterschiedlichen Mengenanteilen, in der Orchideenliteratur aufgeführt. Wichtig ist es, seine eigene Mischung zu finden. Wenn man zum häufigen Gießen neigt, müssen strukturfeste Stoffe überwiegen.

Synthetische Pflanzstoffe, Gesteine und Mineralien

Diese Stoffe sollen die teuren Naturprodukte ersetzen. Vor allem Profigärtner müssen auf Kosten achten. Außerdem sollen Orchideen in solchen synthetischen Stoffen hohe Düngermengen vertragen, denn schnelles Wachstum ist beim Orchideen-Gärtner natürlich gefragt. Unberücksichtigt bleibt die langfristige Perspektive.
Zuerst wurden Schaumstoffe, am häufigsten Polystyrol, besser bekannt unter der Markenbezeichnung Styropor, eingesetzt.

Es sorgt für die richtige Durchlüftung von organischen Substraten und lockert den Torfanteil. Problematisch werden Gemische eigentlich erst im zweiten Kulturjahr. Sie verdichten, werden schmierig, die Luftwurzeln sterben auch bei richtiger Pflege, weil sie ersticken. Beim Gärtner, der rechtzeitig verpflanzt, ist das kein Problem, aber was macht der Verbraucher? Pflanzen in solchen Substraten sollte man nach dem Kauf sofort umsetzen.
Perlite, Bims, Blähton waren weitere Versuche, teure Zuschlagstoffe zu ersetzen.
Völlig ohne andere Zuschlagstoffe kommt Steinwolle aus. Sie entsteht durch Erhitzen ver-

Orchideensubstrate werden in unterschiedlicher Qualität angeboten. Nicht der Preis, sondern die Inhaltsstoffe entscheiden über den Erfolg.

schiedener Mineralien, und bleibt in ihrer Struktur langfristig unverändert, enthält keine Nährstoffe, ist keimfrei und preiswert. Wasser und Nährstoffe können »planmäßig« eingesetzt werden. Erforderlich sind allerdings permanente Kontrollen. Wehe, wenn solche Pflanzen in Laienhände geraten! Ganz anders Seramis, ein Tongranulat, daß gerade vielen Pflegefehlern vorbeugend entgegen wirken soll (siehe Sonderformen der Orchideenpflege).
Blähton hat verschiedene positive Eigenschaften, er hält Feuchtigkeit und Nährstoffe, aber auch Luft und bleibt strukturstabil. Weitere Eigenschaften siehe Seite 21.

Pflanzstoffe für Orchideen

Zusammensetzung	Düngerzusätze auf 1 Ltr/Volumen	Bemerkungen
Mischung für Epiphythen 1		
1 Teil Buchenlaub 2 Teile Meranti 1 Teil Kokaosfasern 1 Teil Kiefernrinde 1 Teil Sphagnum	3 g Kohlensaurer Kalk 2 g Hornspäne $1/2$ g Spurennährstoffdünger	Zum Aufbinden kann der Kokosfaseranteil erhöht werden. Für Gefäße 0,25 g eines Volldüngers zusetzen.
Mischung für Epiphythen 2		
3 Teile Torf 2 Teile Rinde 2 Teile Styroporflocken 1 Teil Blähton	4 g Kohlensaurer Kalk 2 g Hornspäne $1/2$ g Volldünger $1/2$ g Spurennährstoffdünger	Universalpflanzstoff Strukturstabil für 2 Jahre
Mischung für terretrische Orchideen 1		
1 Teil Buchenlaub 1 Teil Torf (grob) 1 Teil Torf (fein, faserig) 1 Teil Blähton oder Lehm 1 Teil Rinde	3 g Kohlensaurer Kalk $1/2$ g Volldünger $1/2$ g Spurennährstoffdünger	Je nach Pflanzenart, können feinere Bestandteile gewählt werden, z.B. für *Paphiopedilum*
Mischung für terrestrische Orchideen 2		
3 Teile Torf 2 Teile Styroporflocken 2 Teile Lehm 1 Teil Blähton	wie für Mischung 1	Geeignet für *Cymbidium, Zygopetalum*

Zuschlagstoffe für Orchideen-Substrate

Substratzuschlagstoffe für Orchideen	Positive Eigenschaften	Den Einsatz begrenzende Eigenschaften
Weißtorf	Gute Wasserführung, Lufthaltevermögen, strukturstabil, nährstoffarm, Puffervermögen sauer aber durch Düngung leicht anzupassen. Strukturstabil, nahezu keimfrei	Bei Übernäßung Sauerstoffmangel. Nach Austrocknung schwer benetzbar.
Farne, Baumfarne	schwach sauer, strukturstabil, Luftführung besonders gut. Durch Verrottung permanente Nährstoffzuführung	Bei feineren Wurzeln, Neigung zur Verdichtung. Schwer beschaffbar bzw. Naturschutz!
Sphagnum	Sauer, hohe Wasser- und Luftkapazität, Wuchsstoffe, bakterizide und fungizide Wirkungen	Rasche Zersetzung, empfindlich gegen Trockenheit, Salze, Trauermücken und Schnecken
Rinden und Borken	Gute Luftführung, Nährstoffarm, Krankheitshemmend. Geringe Wasserkapazität bis zur Zersetzung	Stickstoffbedarf schwer kontrollierbar. Eisendünger nachführen. Bei Vernässung schwer führbar.
Schwarztorf	Strukturstabil, stark sauer, gute Luftführung	Kein Wasserhaltevermögen, pH-Wert einstellen
Kompost Kies Lehm	Hohe Nährstoffanteile, strukturstabilisierend, wasserhaltend	Nicht keimfrei, nicht wasserhaltend Verdichtungsfördernd, kein Luftvolumen
Holzfasern Meranti	Grobe Struktur, Luftporenvolumen schwer sauer, wenig Nährstoffe	Keine Pufferung, Stickstoffversorgung schwer einschätzbar
Reisspelzen Kokosfasern	Strukturstabil, Lufthaltevermögen	Kein Puffer –, kein Wasserhaltevermögen
Styropor	Strukturstabil, unbelebt, hohes Lufthaltevermögen	Kein Wasserhaltevermögen
Perlite	Strukturstabil, gute Wasser- und Luftführung. Zusatz für saure Materialien	geringes Puffervermögen
Blähton	Gute Wasser- und Luftkapazität	großes Eigengewicht
Steinwolle	Nährstoffarm, gute Wasser- und Luftführung, Nährstoffaufnahme	
Holzkohle	Adsorption toxischer Stoffe	Zu feine Anteile verdichten

Pflanzgefäße

Früher gab es speziell für Orchideen entwickelte Gefäße. Es waren Tontöpfe mit großen, seitlichen Löchern, um dem Luftbedarf der Orchideen entgegen zu kommen.

Für andere, dazu gehören die *Cymbidium*, die so viele Wurzeln entwickeln, daß sie ihren Topf rasch ausfüllen und die Pflanze aus dem Topf nach oben schieben, wurden extra hohe Töpfe geformt. Speziell für epiphytische Orchideen werden heute nur Körbchen aus Holz und Kunststoff angeboten. Eigentlich sind Spezialgefäße auch nicht notwendig. Als Epiphyten bevorzugen Orchideen flache Gefäße, da sie ihre Wurzeln eher waagerecht ausbreiten. Es gibt zum Glück noch andere Pflanzen, die flachere Töpfe, sogenannte

Halbschalen, benötigen, so daß die Industrie diese Töpfe anbieten kann. Der Streit, ob Kunststoff oder Tontopf, ist schon lange zu Gunsten des Kunststofftopfes entschieden. Dabei waren weniger der Kostenfaktor, sondern die Eigenschaften ausschlaggebend. Am Tontopf wird laufend Feuchtigkeit nach außen verdunstet, es entsteht Kälte. Salze lagern am Rand ab und es kann zu Wurzelschäden kommen. Im Kunststofftopf wird Gießwasser gespart, er ist leicht zu reinigen. Nachteilig für hohe Pflanzen ist sein geringes Gewicht. Die Standfestigkeit läßt sich aber durch Kieselsteine verbessern. Ampeltöpfe mit Untersatz sind gleichfalls flach, mit ausreichender Drainage (Styropor) sind

auch sie brauchbare Orchideengefäße. Genau so geeignet sind Gittertöpfe für Wasserpflanzen. Sie lassen viel Luft an die Wurzeln und werden – beispielsweise für Seerosen – in stattlichen Maßen angeboten. Damit feine Bestandteile nicht aus dem Substrat gewaschen werden, kann man in Gittertöpfe oder Holzkörbchen Netze einlegen. Geeignet sind Kunstoffnetze, wie sie für Obst und Früchte als Verpackung genutzt werden.

Töpfe, Schalen und Körbe aus Korkeichenrinde sind im Floristenbedarf erhältlich und sehr dekorativ.

Sogenannte Ampeltöpfe sind für Orchideen, nicht nur für solche mit hängenden Blüten (hier *Oncidium ornithorhynchum*), bestens geeignet (links). Dekorative Holzkörbchen kann man auch selber bauen. Hier eine *Gongora galeata* (rechts).

Der Epiphytenstamm

Dies ist die natürlichste Art, Orchideen zu kultivieren. Leider ist sie im Zimmer recht aufwendig, aber möglich. Vorbild ist die natürliche Gemeinschaft, wie sie auch am echten Orchideenstandort vorzufinden wäre. Dazu gehören Begleitpflanzen wie Bromelien, Farne, Philodendron, der Zwerggummibaum *Ficus repens* oder Peperomien. Daß nur epiphytisch wachsende Orchideen in Frage kommen, versteht sich von selbst.
Der Stamm dient als Pflanzgefäß und muß mindestens 8 Jahre halten. Eine Variante sind natürliche, gesunde Äste, Stämme oder, je nach Platz, kleine Bäume von Eiche, Wacholder, Robinie oder Thuja. Dekorativ sind auch knorrige Weinreben, die man bei Bedarf miteinander zu einem »Baum« verbindet. Vor dem Einsatz wird das Material gründlich gereinigt. Hochdruckreiniger oder eine Drahtbürste, dazu heißes Wasser, vertreiben Schädlinge aus der Rinde. Dauerhafter sind Epiphytenbäume aus Kunstoffrohren, die mit Korkeicherinde verkleidet werden. Auf jeden Fall muß der Stamm einen schweren Fuß, zum Beispiel aus Beton haben, denn der bepflanzte Stamm hat ein hohes Gewicht. Außerdem sollte er noch mit Ketten oder Draht an der Decke oder im Fenster gesichert werden. Am

Fuß muß ein Behälter/ Gefäß zur Aufnahme der rasch wachsenden Begleitpflanzen sein. Zuerst werden die Begleitpflanzen gesetzt. Als Grundbepflanzung hat sich der Zwerggummibaum bewährt, er rankt schnell den Stamm herauf, ebenso, je nach Geschmack und Licht, andere Grünpflanzen. Trichterbromelien werden so in die Äste gebunden, daß das Wasser nicht aus dem Trichter fließt. Erst wenn die Begleitpflanzen angewachsen sind, kommen die Orchideen. Nur wenig Pflanzstoff verwen-

Epiphytenstamm mit Orchideen und Bromelien. Als Fuß dient eine Baumscheibe; unterpflanzt ist der Stamm mit *Ficus repens*.

den, eventuell Sphagnum, und fest anbinden (Kunststoffbast, Kupferdraht oder Nylonstrümpfe). Eine andere Möglichkeit: Kork- oder Holzkörbchen am Stamm befestigen und die Orchideen nur zeitweise in der Blüte darin einstellen. Im Zimmer muß gesprüht werden, jedoch verdunsten auch die Begleitpflanzen Wasser.

23

Ernährung der Orchideen

Außer Kohlendioxid und Wasser brauchen Orchideen wie alle Pflanzen auch Nährstoffe. **Stickstoff, Phosphor, Kali** bezeichnet man als Kernnährstoffe, **Schwefel, Calcium, Magnesium** als Sekundärnährstoffe, **Eisen, Mangan, Kupfer, Zink** und weitere als Spurennährstoffe. Epiphyten bekommen zwar problemlos Luft und

Für Orchideen werden spezielle Dünger empfohlen. Sie sollten über Wurzel und Blatt wirksam sein.

Wasser, für die Aufnahme der Nährstoffe benötigen sie jedoch ihre Luftwurzeln, teilweise auch die Blätter. Die Nährstoffangebote müssen vor allem schnell genutzt werden: zum Beispiel stickstoffreicher Regen nach einem Gewitter, staub- und damit nährstoffhaltiges Wasser, das an der Rinde abläuft oder Zersetzungsprodukte der Pflanzen- und Tierwelt. All dies steht nur kurzfristig zur Verfügung. Grundsätzlich sind Orchideen eher bescheiden in ihren Nährstoffansprüchen, hohe Düngergaben könnten ihnen sogar schaden.

Das Wachstum richtet sich nach dem sogenannten Minimumfaktor. Der nur minimal oder sogar überhaupt nicht vorhandene Nährstoff entscheidet über das Gedeihen der Orchidee. Der Mangel an einem Nährwert kann durch Überfluß anderer nicht ausgeglichen werden. Mängel treten allerdings nicht spontan auf und lassen sich auch nur schwer erkennen. Orchideen wachsen langsam, Ursache und Wirkung liegen zeitlich weit auseinander. Bei der Pflege ist es daher wichtig, vorbeugend und kontinuierlich zu reagieren. Die Nährstoffe müssen in die Blätter, d. h. an die Orte mit chlorophyllhaltigen Zellen gebracht werden. Das kann optimal nur über die Wurzel geschehen. Deshalb sind geschädigte Wurzeln der Hauptgrund für mangelndes Wachstum bei Orchideen, nicht Nährstoffmangel.

Im Substrat der Orchideen sind Nährstoffe, in unterschiedlichen Bindungsformen, abhängig vom Substrat, vorhanden. Einige sind wasserlöslich, also nach dem Gießen sofort verfügbar und können leicht aufgenommen werden. Bei Orchideensubstraten sind das häufig nur die zugeführten mineralischen Grund- und Zusatzdünger. Andere Nährstoffe sind an Humus- oder Mineralteilchen gebunden oder müssen erst beispielsweise durch Mikroorganismen oder Säuren, aufbereitet werden. Je weniger Nährstoffe aus dem Substrat kommen, desto mehr müssen als Dünger zugeführt

Moderne *Cattleya*-Hybriden haben nicht nur eindrucksvoll große Blüten, sondern entwickeln auch nicht selten vier und mehr Blüten an einem Stiel.

werden. Der pH-Wert des Substrates, der angibt, ob der Boden sauer oder alkalisch ist, soll für Orchideen in einem Bereich von pH 4,5 bis 5,5 liegen (pH 7 gilt als neutral, Orchideen lieben also einen schwach sauren Boden).

Durch Kalk läßt sich der pH-Wert saurer Substrate (Torf, Rinde) erhöhen. Auch kalkhaltiges Wasser hat diesen bei sauren Substraten positiven Effekt. Nur der richtige pH-Wert ermöglicht die Aufnahme der Nährstoffe. Dünger für Orchideen mit den Kernnährstoffen N,P,K sollen in der Wachstumszeit im Verhältnis 2:1:1 gegeben werden, am Ende der Vegetationszeit 1:1:1. Für Rinden- und Laub-Holzsubstrate wird mehr Stickstoff benötigt, nämlich 6:1:1. Aus den angebotenen Düngern lassen sich solche im richtigen Mischungsverhältnis auswählen. Am einfachsten ist es, fertige Spezialdünger, wie Gabi-Orchideendünger oder Orchidquick verwenden.

Gedüngt wird jedes dritte Mal beim Gießen. Die Dosierung muß, außer bei Spezialdüngern, um die Hälfte der Herstellerangaben reduziert werden. Spurennährstoffdünger werden zweimal im Jahr, am Anfang und am Ende der Wachstumsperiode gegeben (Gabi Mikro T.). Kalk ($Ca\,CO_3$) mindestens jedes halbe Jahr geben, und zwar je 10 cm Topf 1 Teelöffel.

Die immer mehr beliebte Anwendung rein organischer Dünger ist abhängig von einem **lebendigen Bodenleben**, da die Nährstoffe ja erst aufbereitet, also verfügbar gemacht werden müssen. Organische Dünger dürfen nur bei organischen Substraten verwendet werden.

25

Richtig Gießen

Fast 90 % aller Zimmerpflanzen werden letztlich »ertränkt«. Die Folge ist Sauerstoffmangel im Wurzelbereich und die Unterbrechung der Wurzelatmung. Energie, die zur Aufnahme von Wasser und darin gelöster Nährstoffe notwendig ist, kann nicht bereitgestellt werden. Die Wurzel erstickt und die Pflanze verhungert. Andererseits bestehen Pflanzen fast zu 70 bis 80 % aus Wasser. Es wird bei Stoffwechselprozessen oder zum Stofftransport gebraucht oder verdunstet über die Spaltöffnungen.

Mehr Wasser brauchen Pflanzen in der Wachstumsperiode oder bei Wärme und niedriger Luftfeuchtigkeit. Entsprechend weniger brauchen sie in der Ruhezeit, bei Kälte und hoher Luftfeuchtigkeit. Aufgenommen wird Wasser hauptsächlich über die Wurzel. Nur wenn Wasser in ausreichender Menge nachgeführt wird, kann die Pflanze wachsen. Eine geschädigte Wurzel kann diese Aufgabe, auch wenn Wasser eigentlich vorhanden ist, nicht erfüllen. Grundsätzlich dürfen Orchideen nur gegossen werden, wenn das Substrat wirklich trocken ist! Es gibt kein Rezept, keine Gebrauchsanweisung! Die Fingerprobe ist und bleibt die sicherste Methode, sie kann nur durch Erfahrung ersetzt werden. Fühlt sich das Substrat feucht und kühl an, darf nicht gegossen werden. Gerade weil das Wasser vom Substrat kaum gehalten wird, läßt man sich gerne täuschen. Selbst wenn die Orchidee schon mehrere Tage, manchmal sogar Wochen, feucht ist, ist das in Ordnung und gießen ist unnötig. Auch wenn die Orchidee welkt, und das Substrat feucht ist, nicht gießen! Hydrokultur, SERAMIS und andere Methoden erleichtern das Gießen, mehr erreichen sie nicht.

Ein fein zerstäubter Wasserstrahl verteilt das Gießwasser über das Substrat besser als ein dicker Strahl.

Wasser und Luftfeuchtigkeit

Der Nährstofftransport in der Orchidee funktioniert nur, wenn Wasser nach außen verdunsten kann. Hohe Luftfeuchtigkeit in der Umgebung verhindert diesen Vorgang. Bei Orchideen ist das erwünscht, nur so können sie als Epiphyten mit den geringen Wasser- und Nährstoffmengen auskommen. Sie wachsen vergleichsweise langsam. Hohe Luftfeuchtigkeit sorgt zusätzlich für Verdunstungskälte, schützt also die Orchideen vor starker Sonneneinwirkung. Die nötige Luftfeuchtigkeit ist in kühlen Räumen leichter zu erreichen als in warmen. Im Zimmer ist dies schwieriger als im Gewächshaus oder Wintergarten. Es lassen sich keine allgemein gültigen Luftfeuchtigkeitswerte für Orchideen nennen, da sie eben in allen Klimagebieten vorkommen. Für Orchideen, die im Zimmer zu pflegen sind, sollte man 55-80 % anstreben. Dies erreicht man durch Luftbefeuchter und sogenannte Fensterschalen. Das sind mehr oder weniger flache, mit Bims, Lava oder Blähton gefüllte Schalen. Sie werden mit Wasser gefüllt, allerdings immer nur soviel, daß das Wasser die Füllung selbst niemals bedeckt. Über die nunmehr große Oberfläche der Materialien kann, je nach Temperatur, Wasser verdunsten. Es wird von unten aus der Schale

nachgeführt. Die Heizung, die ja meist unter dem Fenster angebracht ist, oder Sonnenwärme sorgen für die Erwärmung der Schale, und damit für eine entsprechende Verdunstung. Die Blätter der Orchideen oder ihrer Begleitpflanzen wirken wie ein Schutzdach. Fast 30% höhere Luftfeuchtigkeitswerte im Bereich der Pflanzen lassen sich so leicht erreichen. Schwankungen sind erwünscht, dadurch funktioniert der Nährstofftransport. Zusätzlich wird überschüssiges Gießwasser aufgefangen. Elektrische Luftbefeuchter, Nebelanlagen oder Verdampfer

Masdevallia coccinea **gehört zu den Pflanzen, die immer eine hohe Luftfeuchtigkeit benötigen (oben). Auf der Fensterschale bilden alle Pflanzen eine Pflegegemeinschaft. Je nach Pflanzenart verdunsten sie mehr oder weniger Wasser (unten).**

sind nicht nur im Gewächshaus oder Wintergarten, sondern auch am Zimmerfenster einzusetzen. Leider sind sie teuer und müssen gewartet werden. Begleitpflanzen mit weichem Laub, die schnell Wasser verdunsten sind ebenfalls eine Hilfe bei der Pflege.

27

Umtopfen

Orchideen mögen, wie alle langsam wachsenden Pflanzen, nicht gern gestört werden. Umtopfen sollte man daher nur, wenn die Oberfläche schmierig oder stark veralgt ist, wenn der Pflanzstoff zersetzt oder wenn die Wurzeln verfault sind. Außerdem sollte man umtopfen – das ist der Normalfall – wenn der neue Trieb keinen Platz mehr im Gefäß findet.

Vorsichtig wird die Pflanze aus dem Gefäß gelöst. Wenn notwendig, zur Schonung der Wurzeln das Gefäß zerstören.

Umgetopft wird immer mit Beginn des neuen Triebes, bei *Phalaenopsis*, wenn das Herzblatt erscheint.

Vorbereitung

1. Pflanzstoff bereitstellen. Gute Substrate erkennt man an vielen sturkturbeständigen Zuschlagstoffen. Torf und Styroporflocken allein sind noch keine Orchideenerde. Pflanzstoff eventuell anfeuchten. Ist der Torfanteil sehr trocken, hilft der Zusatz von Pril als Netzmittel.
2. Orchideen drei Tage vor dem Umsetzen kräftig gießen, gesunde Pflanzen düngen.
3. Pflanzgefäße bereitstellen, reinigen, wenn nötig desinfizieren, z.B. mit Chinosol aus der Apotheke (1 g/l). Pflanzen unbedingt auf Schädlinge untersuchen, in jedem Fall vor dem Umsetzen bekämpfen!
4. Werkzeug bereitlegen. Scharfes Messer oder Rosenschere, Feinzerstäuber, Gießkanne, Verdunstungsschutzfolie, außerdem Bindebast, Draht und Stäbe. Drainage aus Styropor, bei kleinen Töpfen, sorgen Kieselsteine für einen günstigeren Schwerpunkt.

Verpflanzarbeit

1. Orchidee aus dem alten Gefäß lösen, möglichst wenig Wurzeln beschädigen. Lose Pflanzstoffreste vorsichtig entfernen, niemals einfach abreißen!
2. Wurzelschnitt: Alle beschädigten und faulen Teile restlos mit einem glatten, niemals quetschendem Schnitt entfernen.
3. Pflanzenschnitt: Alle faulen, beschädigten Blätter, Blüten und Knospen entfernen.
4. Teilungs- oder Verjüngungsschnitt: Mindestens drei gesunde Bulben bei sympodial wachsenden Pflanzen belassen. Teilung immer an Verzweigungen am Rhizom. Bei monopodialen und bei länglichen Bulben mit vielen Nodien sind zum Teil Stecklinge möglich.
5. Neue Pflanzgefäße so wählen, daß mindestens zwei neue Triebe (Bulben) darin Platz finden. Bei monopodialem Wuchs höchstens drei Topfgrößen mehr wählen. (Vom 10 cm Topf auf den 13 cm Topf usw.)
6. Wird am Epiphytenstamm oder an Rinde aufgebunden, Pflanzen wirklich **fest** anbinden.

Wenig, aber weiches Substrat, z.B. Sphagnum verwenden. Im Gefäß, bei fehlenden Wurzeln dienen Drahthaken als Wurzelersatz, Stäbe zum Festbinden. Drainage einfüllen!

7. Pflanze einsetzen, dabei letzten Trieb an den Topfrand. Monopodiale und kleine Pflanzen in die Gefäßmitte setzen. Pflanzstoff einfüllen, andrücken – so fest, daß die Pflanzen nicht »wackeln«.

8. Nur angießen, wenn der Pflanzstoff trocken ist!

9. Standort so wählen, das Schutz vor direkter Sonne gewährleistet ist. Verdunstungsschutz mit Hilfe von Folien oder Vlies schaffen; in den ersten drei Wochen nur sprühen.

10. Weiche Neutriebe vor Schnecken und Läusen und Fäulnis schützen.

11. Nach der Wurzelneubildung die Folie entfernen. Zunächst Dünger über das Blatt einsetzen, nach zwei bis drei Monaten regelmäßig düngen.

Öfter umgetopft werden dürfen Orchideen mit feinen Wurzeln. Dazu zählen viele *Oncidium* und manche *Epidendrum*-Arten sowie solche *Cymbidium*, die soviele Wurzeln gebildet haben, daß sie sich schon aus dem Gefäß heben. Diese Orchideen lassen sich zu jeder Zeit und in allen Entwicklungsstadien umsetzen. Voraussetzung sind natürlich auch hierbei »gesunde Wurzeln«. Bei einem späteren Umsetzen – vielleicht, wenn ein größeres Gefäß erforderlich wird – kann der alte, ursprüngliche Ballen zersetzt sein.

Geschädigte Pflanzenteile entfernen. Dabei möglichst glatte Schnitte ausführen (oben). Als Drainage lassen sich auch Verpackungschips aus Styropor verwenden (links). Pflanzstoff im Gefäß fest andrücken, die frisch umgesetzte Orchidee darf nicht wackeln (unten).

Generative Vermehrung

Die Bestäubung der Blüten wird bei den Orchideen überwiegend durch Insekten vorgenommen. Die Blüte ist dafür perfekt ausgebildet. Die Insekten werden auf der Suche nach Nektar durch die Blüte angelockt. Der Pollen, ausgerüstet mit einer Klebscheibe, wird bei Berührung auf das Insekt aufgeklebt oder sogar mit einer Art Schleuderapparat »verschossen«. Beim Besuch der nächsten Blüte wird er so zur Narbe transportiert. Nach erfolgter Befruchtung wächst im Fruchtknoten der Samen heran. Die Reifezeit dauert bis 20 Monate. Orchideensamen ist sehr fein, bis zu 3 Millionen Samen befinden sich in einer Kapsel (z. B. bei *Cattleya*). Das Durchschnittsgewicht des Samens beträgt nur 0,005 mg. Die reife Frucht überläßt den Samen dem Wind, idealerweise in luftiger, windbewegter Höhe. Die weite Verbreitung ist gesichert. Doch nicht aus jedem Samen wird wieder eine Orchidee. Erreicht ein Samen einen Platz auf der Rinde eines Baumes, versucht er sich zunächst zu verankern. Er nimmt Feuchtigkeit auf, manchmal bilden sich spiralige Verlängerungen am Samen, die sich in der Rinde wie Drahthaken festmachen. Bis jetzt, wenn auch in luftiger Höhe, verläuft alles so, wie bei anderen Samen. Das Weiterleben des Orchideensämlings ist aber nun davon abhängig, daß er auf bestimmten Wurzelpilze trifft und mit ihnen eine Gemeinschaft bildet (Symbiose). Fehlt der Pilz, und das ist sicher bei mehr als 99% der Sämlinge der Fall, stirbt der Keimling. Der Pilz liefert wichtige Aufbaustoffe, er dringt in bestimmte Wurzelschichten ein, wo er »verdaut« wird. Das alles weiß man noch nicht allzu lange. Man hat versucht, den Pilz zu isolieren und ihn gezielt an Orchideensamen zu plazieren. Seit man aber weiß, welche Stoffe der Pilz liefert, bringt man Pilz und Samen im Reagenzglas zusammen. Die Kinderstube der Orchideen, zumindest die der gärtnerisch genutzten, ist heute das Labor. Die Zeit vom Keimling zur erwachsenen Pflanze kann, je nach Gattung und Art, bis zu zwölf Jahren dauern. (So beim heimischen Frauenschuh *Cypripedium calceolus*). Aufgrund dieser langen Entwicklungszeit sind Orchideen heute überall in ihrem Bestand gefährdet.

Reife Samenkapsel einer Orchidee. Die Samen werden vom Wind davongetragen.

Vegetative Vermehrung

Wie viele Nutz- und Zierpflanzen können auch Orchideen vegetativ, also ungeschlechtlich, im Labor vermehrt werden. Die Orchideen waren sogar die ersten kommerziell vermehrten Zierpflanzen bei der sogenannten Meristem- oder Zellvermehrung. Die normale vegetative Vermehrung erfolgt durch Teilung. Bei sympodial wachsenden Orchideen ist die Teilung besonders einfach, wenn längere Rhizomstücke zwischen den Bulben sind. Jeweils drei ausgewachsene Bulben sollten noch an einer Pflanze verbleiben. Sogar einzelne Bulben lassen sich noch zur Vermehrung nutzen (Rückbulben). Sie haben ein oder mehrere »ruhende« Augen. Durch Wärme und Feuchtigkeit treiben diese aus. Sphagnum, Meranti oder Torf, mit Styropor 1:1 gemischt, sind die richtigen Substrate dafür. Jungpflanzen aus Austriebs- oder Gewebevermehrungen und Sämlinge werden mit mehr Wärme als erwachsene Pflanzen der jeweiligen Art, mehr Schatten und feinerem Pflanzsubstrat kultiviert. Die vegetative Vermehrung der Orchideen ist besonders wichtig, weil jede Orchidee eigentlich ein Unikat ist. Sie unterscheidet sich nämlich, bei Naturformen geringfügig, bei Züchtungen vielfältig, von ihren Geschwistern. Im Gegensatz dazu bringt

Kindel oder Keiki sind bei _Phalaenopsis_ häufiger. Den Stiel nach der Wurzelbildung ober- und unterhalb der Pflanze abschneiden und diese dann eintopfen.

die vegetative Vermehrung identische Pflanzen. Bei der Gewebevermehrung werden meristematische Zellen, die den gesamten »Bauplan« der Pflanze in sich tragen, auf Nährmedien gebracht und zur permanenten Teilung angeregt. Die Behälter, in denen sie wachsen, werden um ihre eigene Achse gedreht oder geschüttelt. Dadurch werden weder Wurzeln noch Blätter gebildet, sondern nur neue Zellen, wiederum mit allen Erbmerkmalen aber ohne Differenzierung. Erst wenn genügend Zellen herangebildet sind, wird die Bewegung beendet. Jetzt wachsen aus den Zellen aufgrund des Einflusses der Schwerkraft nach unten Wurzeln, nach oben Blätter. Diese Pflanzen wachsen zu »identischen« Geschwisterpflanzen heran.

Solche Gefäße sind heutzutage die Kinderstube des Orchideennachwuchses.

Kranke Orchideen

Meistens sind kranke Orchideen die Folge eines Pflegefehlers. Die häufigste Ursache ist zuviel Wasser.

Schäden sind nicht einfach zu erkennen, jedoch sollte jede Veränderung an Blättern, vor allen Dingen aber an der Wurzel, Anlaß zur Sorge geben. Ehe Wurzelschäden bemerkt werden, kann man häufig Anzeichen wie schmierige Algen oder/und Moose an der Topfoberfläche feststellen. Schon manuelles Auflockern, vorsichtig mit einem Holzstab, schafft schnell Abhilfe und Luft an die Wurzel.

Grundsätzlich muß man Schäden durch Pflegefehler und solche, die von Schädlingen hervorgerufen werden, unterscheiden.

Zu den Pflegefehlern zählen falsches, verdichtetes Substrat zu hohe oder zu niedrige Temperatur, zuviel oder zuwenig Nährstoffe und Wasser, Pflanzenschutzmittel und Immissionsschäden.

Parasitäre Ursachen sind erstens Krankheiten, die durch Bakterien, Pilze oder Viren und zweitens solche, die durch Schädlinge wie Insekten, Schnecken, Milben und Wirbeltiere hervorgerufen werden.

Es ist schwierig, manche Schäden zu erkennen. Leicht erkennbar sind noch Frost- und Hitzeschäden. Nährstoffmangel oder -überschuß dagegen kann nur der Fachmann wahrnehmen.

Auch Immissionsschäden, z. B. Ätzschäden durch Abgase der Industrie, wird nur ein Experte diagnostizieren. Ob Pilze, Bakterien oder Viren den negativen Einfluß auf eine Pflanze ausüben, wird meist zu spät erkannt.

Pilzkrankheiten

Pythium und Phytophora sind Pilze, die braune und schwarze Flecke verursachen, an *Phalaenopsis* tritt manchmal die soge-

Botrytis (dunkle Flecken) an einer *Phaelaenopsis*-Blüte. Ein Papiertuch hätte Schäden vermieden.

nannte Herzfäule auf. Rhizoctonia (Wurzelfäule) findet sich ebenfalls häufig an *Phalaenopsis,* aber auch an *Cattleya* und *Odontoglossum*-Hybriden. Übertragen wird die Krankheit durch Wasser. Fusarium an der Wurzel ist schwer zu erkennen. Gut erkennbar dagegen ist Botrytis, der Grauschimmel. Besonders an den weichen Blüten lassen sich dunkle Flecken ausmachen. Hohe Luftfeuchtigkeit bei niedrigen Temperaturen, besonders im Herbst und Frühjahr begünstig diesen Pilz. Ein Papiertaschentuch nachts über die Blüte gelegt, schützt vor Befall. Alle Pilze lassen sich sonst bei rechtzeitigem Einsatz mit Fungiziden bekämpfen.

Bakteriosen

Sie können bis heute nicht wirkungsvoll beseitigt werden. Vorbeugend, das gilt auch für Pilzerkrankungen, sind Hygiene, frische Luft und Luftbewegung sowie Pflanzenstärkungsmittel.

Schädlinge

Mehr Chancen hat man bei Insekten. Wenn man vielleicht auch nicht erkennt, welche Laus die Pflanze heimsucht, als Laus wird man das Insekt dennoch ansprechen.
Schnecken lassen sich fangen. Schutz bei gefährdeten Knospen

oder Blüten kann ein »Gürtel« aus trockener Watte bieten. Schnecken meiden den Kontakt. Auch Gesteinsmehl auf dem Topf ist ihnen zuwider. Mäuse schaden nur im Gewächshaus oder Wintergarten, dort fressen sie Knospen und Pollen. Fallen schaffen Abhilfe.
Mehr Schwierigkeiten machen Milben, Trauermücken, Blatt-, Schmier-, Woll- und Schildläuse. Spinnmilben, Weichhautmilben, Thrips und Weiße Fliege. Vorsicht ist immer geboten, wenn Veränderungen, Blattaufhellungen, Fraßstellen, Kräuseln der Blätter und Nekrosen an der Pflanze zu erkennen sind. Bis zum Massenbefall durch Insekten kann man durch aufmerksames Beobachten Entwicklungs-

Schildläuse sind gerade bei *Phalaenopsis* **eine Plage. Heute ist der Einsatz von Nützlingen möglich.**

stadien zum Vollinsekt, nämlich Eier, Larven und Puppen erkennen. Ein meist sicheres Zeichen für Läuse ist das Auftreten von Ameisen, im Zimmer geschieht dies sicher seltener als im Gewächshaus. In der Natur »bewachen« Ameisen vielfach die Knospen der Orchideen, so bei einigen *Cattleya.* Sie vertreiben Schnecken, ihre Belohnung sind die Zuckerausscheidungen an den Knospen. In Kultur sollte man sie aber vertreiben, da sie Läuse an den Orchideen halten.

Schadbild	Ursache	Gegenmaßnahme
Blätter		
Welke	Wassermangel	Mehr gießen
Abfallen der Blätter	Ruhezeit	Abwarten
	Zuviel Wasser	Weniger Gießen
	Sauerstoffmangel im Boden	Boden auflockern, Topfpflanzen umtopfen
	Nährstoffmangel	Düngen
	Schädlingsbefall	Schädiger ermitteln, bekämpfen
Braun- oder Gelbfärbung	Lufttrockenheit	Übersprühen, Luftbefeuchter
Eintrocknen	Wassermangel	Gießen
	Nährstoffüberschuß	Auswachsen
Glasiges Gewebe	Frost	Keine Rettung
	Bakterien	Frischluft, Chinosol
	Treibmittel	Vermeiden, Rückschnitt
Gelb-braune Flecken	Sonnenbrand	Schattieren
scharf abgegrenzt	Viren	Pfanzenschutzamt befragen
trocken oder glasig		Pflanze vernichten
Weiches, helles Gewebe	Lichtmangel	Mehr Licht
	Zuviel Wärme	Temperatur absenken
Buntes Laub wird gelb oder grün	Lichtmangel	mehr Licht
Gelb-grüne Blattspitzen an weichen Blättern	Stickstoffmangel	Stickstoffdünger
Sehr dunkelgrüne bis bläuliche Färbung	Phosphormangel – selten –	Phosphordünger
Gelb-braun, an den Rändern aufgerollt	Kalimangel – selten –	Kalidünger
Blattadern grün junges Gewebe gelb	Eisenmangel	Eisendünger
Weiß, graubrauner Schimmelrasen	Grauschimmel	Frischluft, Wärme, Abstand Schachtelhalmpräparate, Chemische Pilzbekämpfungsmittel
Blattoberseite: flaumiger, mehliger Belag, selten Blattunterseite	Echter Mehltau	Chemische Mittel, Wärme, Frischluft Schachtelhalm- und Knöterich-Präparate
Veralgung Moosbildung	Wasserüberschuß	Mechanische Auflockerung
Braune, schwärzliche Erhöhungen klein, unbeweglich	Schildläuse	Nützlinge, Raps- und Mineralöle
Honigtau schwarzer, pelziger Belag Bei Berührung aufliegende Insekten	Weiße Fliege Rußtaupilze	Nützlinge, Raps und Mineralöle, Kaliseife Bekämpfung der Weißen Fliege

Schadbild	Ursache	Gegenmaßnahme
Kleine helle Sprengel	Spinnmilben Anfangsbefall	Nützlinge, Kaliseife, Schmierseife
Zerstörtes Gewebe, Gespinnst	Mittlerer Befall	Nützlinge, Chemische Mittel
Starke Gelbfärbung des gesamten	Starker Befall	Entfernung der Pflanzen
Blattes		
Verkrüppelung	Läuse	Nützlinge
Ameisen treten auf		Schmierseife
Honigtau		Chemische Mittel
Rußtau		
Grüne, schwarze und		
gelbliche Tiere		
Braune, durch Adern scharf	Blattälchen	Chemische Mittel
begrenzte Flecken		Nützlinge
Korkige, gräuliche Gänge,		
gut sichtbar Blattunterseite		
Rand- und Lochfraß	Schnecken	Fallen
		Schneckenkorn
Korkflecken	Weichhautmilben	Luftfeuchtigkeit senken
Verkrüppelungen		Temperatur senken
		Chemische Mittel
Silbriges Gewebe	Thrips oder Blasenfuß	Chemische Mittel
längliche weiße Punkte	Eier	Blautafeln
Blattunterseite		

Sproß

Lange Triebe	Lichtmangel	Anderer Standort
Faulstellen am Sproßfuß	Bakterien	Frischluft
		Cinosol

Blüte

Zu wenig,	Ruhezeit versäumt	Ruhezeit einhalten
abfallende Knospen	Lichtmangel	Mehr Licht
	Gießfehler	Weniger oder mehr Wasser
	Schock	Vermeiden
	Luftfeuchtigkeitsmangel	Luftbefeuchter
	Fraßstellen	Auf Schädlinge achten

Wurzel

Schwache, schleimige	Vielfältig	Fachmann befragen
verdickte und braune Wurzeln	Gießfehler	Gießfehler vermeiden

Bekämpfungs-methoden

Chemische Bekämpfungsverfahren setzen Stoffe ein, die für Schadorganismen giftig sind. Leider sind in der Regel, auch bei sachgerechter Anwendung, viele Nebenwirkungen zu beobachten. Hochgiftige Stoffe, die durch einen Totenkopf gekennzeichnet sind, aber auch mindergiftige, sind in jedem Fall für den Gebrauch in der Wohnung auszuschließen.

Die Anwendung ist allenfalls im Gewächshaus oder Wintergarten angebracht. Dort kann man manchmal auf »schnelle« Hilfe nicht verzichten. Allerdings muß der Anwender sämtliche Schutzbestimmungen beachten, nicht zuletzt zum Schutz von sich selbst. Mittel, die **keine** Zulassung haben oder nicht mehr haben, sind von der Anwendung auszuschließen. Die Aufwandmengen nach Angaben des Herstellers sind niemals zu überschreiten. Daß auch Pilzbekämpfungsmittel negative Auswirkungen auf den Menschen haben, sei erwähnt. Die Anwendung von Insektenbekämpfungsmitteln und einigen Fungiziden schließt die Verwendung von Nützlingen aus. Angaben der Hersteller beachten!

Eine Bekämpfung nur bei klarer Diagnose durchführen.

Ist dies nicht möglich, sollte man befallene Pflanzenteile oder Schädlinge zum Einkauf eines Bekämpfungsmittels mitnehmen. Wenn Schäden vom »Fachmann« um die Ecke nicht eindeutig erkannt werden, weiteren Rat beim zuständigen Pflanzenschutzamt suchen. Schutzkleidung bei der Ausbringung der Mittel tragen, nur sichere Spritzgeräte verwenden. Die Wartezeiten müssen unbedingt eingehalten werden!

Physikalische Methoden

Mit einem »scharfen« Wasserstrahl lassen sich Läuse an hartblättrigen Pflanzen wirksam entfernen. Allerdings müssen sie anschließend aufgesammelt werden.

Biologische Methoden

Die biologischen Verfahren setzen Präparate als Stärkungsmittel aus Kräutern zum Spritzen und Gießen ein. Die größte Bedeutung hat jedoch der Einsatz von einheimischen und importierten Nutzorganismen, Insekten, Milben und Nematoden als natürliche Feinde ihrer Gegenspieler. Ihre Anwendung im Zimmer, Gewächshaus oder Wintergarten ist einfach und wirkungsvoll. Voraussetzung ist jedoch, daß die Anwendungshinweise der Nützlingszüchter peinlich genau eingehalten werden.

So lassen sich nicht nur Läuse, Spinnmilben sondern jetzt auch schon Schild-, Woll- und Schmierläuse und Trauermücken sicher vernichten.

Die nur bei weichblättigen Orchideen wie *Calanthe* oder *Lycaste* auftretende Weiße Fliege, auch Mottenschildlaus genannt, ist ebenfalls sicher zu beseitigen. Eine Bekämpfung mit Nützlingen, in diesem Fall mit der Schlupfwespe *Encarsia formosa*, ist möglichst frühzeitig zu beginnen. Für die Nützlinge kann man im Gartencenter einen Gutschein erwerben, sie werden, wenn man die beigefügte Bestellkarte verschickt, umgehend geliefert. Die Menge muß der Pflanzenzahl und dem Befallstadium entsprechen. Genaue Beschreibungen liefern die Züchter der Nützlinge. Auch die Bekämpfung der Schild-, Woll- und Schmierläuse ist jetzt mit Nützlingen erfolgreich. Diese Schädlinge waren bei den Orchideen bislang nur mit hochgiftigen Mitteln erfolgreich zu bekämpfen. Allerdings erfordert der Einsatz der Nützlinge mehr »Mitarbeit« und Verantwortung als die chemische Keule! Information gibt es im Fachhandel und den Pflanzenschutzämtern der Bundesländer. Anschrift bei der Gemeinde erfragen. Auskünfte sind meistens kostenlos, haben aber nur Zweck mit entsprechenden Proben; telefonische Hilfe ist nicht möglich.

Die Schönheit der Orchideen läßt sich durch Übertöpfe noch betonen.

Hilfe bei Pflegefehlern

Die Hauptursache für Mißerfolge in der Pflege, nämlich zuviel Wasser, wurde schon erwähnt. Stellt man an den Orchideen eine veraltge, schmierige Substratoberfläche fest oder Moose, so ist das ein sicheres Zeichen für zuviel Wasser. Wurzelschäden, faule Wurzeln oder Krusten an den Wurzelspitzen deuten ebenfalls auf eine Schädigung durch Wasser hin. Sogenanntes »Zieharmonika Wachstum« kann ebenfalls im Wasserüberschuß seine Ursache haben: Im Wachstum befindliche Triebe geraten ins Stocken, wachsen wieder eine Zeit, stocken wieder usw. Durch die Pausen entstehen die zieharmonikaartigen Verkrüppelungen der Blätter oder Triebe. An ihren schwächsten Punkten können sie sogar abknicken, was zum Totalverlust der Orchidee führen kann.

Erste Hilfe: Kein Wasser, bis das Substrat wirklich trocken ist! Eine solche Gießpause kann im Winter mehrere Wochen dauern! Solange Feuchtigkeit im Substrat zu spüren ist, wird einfach nicht gegossen. Beim nächsten Verpflanzen muß das schmierige Substrat eventuell ersetzt werden. Verpflanzt wird aber erst, wenn Wachstum, also neue Triebe, z. B. ein Herzblatt bei *Phalaenopsis* oder Wurzelspitzen sichtbar sind. Neben neuem Substrat kann die Drainage aus Styropor verbessert werden, sie kann ruhig ein Drittel des Gefäßes einnehmen. Auch das Substrat selbst kann zusätzlich mit Styropor gestreckt werden, gleichfalls bis zu einem Drittel. Danach ist es gießfest. Ein anderer, eben-

Ziehharmonika-Wachstum bei einer *Miltonia*. Die häufigste Ursache dafür ist zuviel Wasser.

falls häufiger Pflegefehler passiert, wenn die Ruhezeiten nicht beachtet werden. Letztlich entsteht daraus wieder ein ›Wasserschaden‹. Besonders Bulbenorchideen durchleben diese Ruheperiode, aber auch eine *Phalaenopsis* hat nicht ganzjährig gleichmäßige klimatische Bedingungen. Das Wachstum und damit Wasser, Licht und Nährstoffbedarf beginnt mit einem neuen Trieb, frischen Wurzeln oder einem neuen Blatt. Meistens, aber nicht immer, beginnt es mit zunehmendem Licht und steigenden Temperaturen im Frühjahr. Bei Mehrgattungskreuzungen wie bei der bekannten *Vuylstekeara* 'Cambria', regt sich aber ca. alle acht Monate neues Wachstum, also leider auch in der **lichtarmen** Zeit. Die Ruhezeit hält sich nicht an den Kalender. Nur durch Beobachtung der Pflanze vermeidet man Fehler.

Beginnt das Wachstum, wird gegossen und gedüngt; die Temperatur wird möglichst auf Zimmerwärme, also ca 20 °C am Tag, gehalten. Besteht die Möglichkeit, kann in der dunklen Jahreszeit zusätzlich belichtet werden. Geeignet sind allerdings nur sogenannte Pflanzenleuchten, die ausschließlich im Fachhandel erhältlich sind. Im Laufe der nächsten Wochen werden die Triebe länger, je nach Orchideenart bilden sich Bulben oder Blätter. Das anfänglich zarte Grün verfärbt sich allmählich dunkler. Die Blattoberfläche wird härter, der Bulb wächst. Die Blüten oder Knospenbildung kann

Der Australische Marienkäfer (hier seine Larve) ist ein wichtiger Nützling im Kampf gegen Schildläuse.

übrigens in, vor oder nach der Ruhezeit erfolgen. Die Blüte richtet sich nach dem Lebensrhythmus der Bestäuber. Die Induktion, also das Signal zur Blütenbildung, geschieht jedoch meist in der kühleren oder durch Trockenheit bestimmten Ruhezeit. Solange eine Orchidee wächst, wird gegossen und gedüngt, je nach Jahreszeit und Lichtangebot mehr oder weniger. Es ist also durchaus möglich, daß ein und dieselbe Pflanze ihren Bulb einmal im Frühjahr und im nächsten Jahr im Winter ausbildet. Entsprechend unterschiedlich ist der Wasser- und Nährstoffbedarf. Der Zuwachs in der lichtreichen Zeit ist größer, wie auch die Zahl der Blüten. Ist der Bulb aber einmal fertig, dun-

kelgrün bis rötlich und möglichst größer als der Vorjahrestrieb, beginnt die Ruhezeit, obwohl vielleicht draußen noch Sommer angesagt ist. Dann muß man das Wasser reduzieren, nicht mehr düngen, sondern lediglich regelmäßig Übersprühen. Der Pflanzstoff selbst bleibt trocken. Nur die Pflanze allein bestimmt das Ende der Ruhephase, neues Wachstum ist der Abschluß. Die Ruheperiode kann durch Temperatur oder/ und Trockenheit eingeleitet werden.

Orchideen auf der Fensterbank

Wo man Orchideen hält, ist letztlich gleichgültig, überall muß man den optimalen Bedingungen möglichst nahe kommen. Am Fenster ist das schwieriger als im Gewächshaus, aber es ist möglich. Grundsätzlich werden dort, wo tropische Zimmerpflanzen wachsen und blühen, auch Orchideen nicht versagen. Blüht das Usambaraveilchen, der Hibiskus oder der Weihnachtskaktus, blühen auch *Phalaenopsis, Cattleya* und *Vuylstekeara* 'Cambria'. Die Fensterschale zur Verbesserung der Luftfeuchtigkeit, Luftbefeuchter, Verdampfer oder häufiges Übersprühen sind Hilfsmittel für »tropische Verhältnisse« im Zimmer. Ein Defizit im

Lichtangebot kann, zum Beispiel im Nordfenster, durch Pflanzenleuchten ausgeglichen werden. Besteht Auswahl für den Standort, bevorzugt man die Südlage, obwohl dort in den Monaten ab April sogar schattiert werden muß. Häufig genügt die Gardine oder Jalousie. Schwieriger ist die richtige Pflanzenauswahl. Sie hängt mehr von der Nutzung der Räume ab. Ein Wohnzimmer läßt keine Ruheperiode bei 10 °C zu, das Schlafzimmer wird selten auf 20 °C beheizt. Man muß also die zum Zimmer passenden Pflanzen wählen. Warmhausorchideen für das Wohnzimmer, temperiert wachsende für das Schlafzimmer, Kalthausorchideen für unbeheizte, aber frostfreie Räume. Die Auswahl ist ja groß genug. Wer dagegen eine einzige Pflanzengattung, vielleicht *Phalaenopsis* bevorzugt,

Phalaenopsis sind typische Vertreter des Warmhauses, aber auch *Miltonia* und manche *Dendrobium*-Arten zählen zu dieser Gruppe.

aber nur temperierte Räumlichkeiten hat, kann durch elektrische Heizplatten oder -Matten die »Wurzelraum-Temperatur« anheben, so vertragen Warmhauspflanzen auch kühlere Räume.
Ruhezeiten müssen auch im Zimmer eingehalten werden, entweder indem man die Pflanze trockner hält oder zeitweise in kühlere Räume stellt. Sommeraufenthalt auf dem Balkon oder im Garten, an einem halbschattigen Standort, ist Urlaub für Orchideen aus temperierten Zonen. Selbst Epiphytenstämme, Ampeln oder Körbe lassen sich am Fenster halten, sie sind dazu noch dekorativ.

Orchideen des temperierten Kulturbereiches (links), daneben typische Kalthausorchideen.

Die Orchideenvitrine

Ein Gewächshaus im Zimmer, im Wintergarten oder sogar ein Gewächshaus im Gewächshaus ist die Pflanzenvitrine. Seit man Orchideen aus Südamerika nach England in der sogenannten »Wardschen Kiste« transportiert hat, versucht man, kleine, abgeschlossene Biotope für empfindliche Pflanzen zu bauen. Erst heute ist es jedoch möglich, diese Träume auch langfristig zu verwirklichen. Die Schwierigkeiten, Überhitzung, Luftmangel, Staunässe, Lichtmangel und Luftfeuchtigkeitsmangel oder -überschuß lassen sich technisch lösen. Vieles kann man sich aus dem Aquarienbau »abgucken«. Es gibt auf dem Markt nur wenige fertige Lösungen, sie sind immer teuer. Es bleibt der Selbstbau oder die Zusammenarbeit mit einem Hersteller, meist einem Zoohandel, vor Ort. Vorbild ist das Terrarium. Wich-

tig ist die Belüftung im oberen und unteren Teil. Große Öffnungen müssen den Zugang sichern, denn Pflegemaßnahmen sind an allen Pflanzen notwendig. Ob die Vitrine aus Holz, Stahl, Aluminium oder Ganzglas besteht ist eine Geschmacks- und Geldfrage. Die Rückwand, häufig mit Korkeichenrinde modeliert, wird massiv ausgeführt, so lassen sich dort weitere Pflanzen plazieren. Je nach Umgebung der Vitrine muß eine Heizung eingebaut werden. Heizmatten oder -kabel müssen in jedem Fall thermostatisch regelbar sein. Pflanzenleuchten können zur Erwärmung beitragen, sie lassen sich auch außerhalb anbringen.

Die Pflanzenauswahl wird durch die Raumtemperatur bestimmt, Zusatzheizung ist möglich, Temperaturabsenkung jedoch nicht! Luftbewegung muß durch kleine Ventilatoren gesichert sein. Bei allen elektrischen Geräten ist auf die Sicherheit zu achten, denn Vitrinen sind Feuchträume. Wird ein Epiphytenstamm eingepflanzt, muß er gut befestigt werden, denn durch die Bepflanzung erhält er ein erhebliches Gewicht. Pflanzsubstrat am Boden der Vitrine sollte man besonders strukturstabil wählen. Eine Mischung aus Blumenerde, Blähton oder Seramis hat sich bewährt.

In einer Vitrine läßt sich eine tropische Landschaft gestalten. Hierzu zählen neben den Orchideen auch Begleitpflanzen.

41

Orchideen im Terrarium

Eigentlich ist auch das Terrarium nur eine Vitrine, mit zusätzlich eingeschränkter Pflanzenauswahl. Die klimatischen Bedingungen richten sich nach den zu pflegenden Tieren, den Räumlichkeiten in denen das Terrarium steht und erst zuletzt nach den Pflanzen. Deshalb sind Orchideen durch ihre nicht nur sprichwörtliche Härte in Blatt, Bulb und Wurzel ideale Pflanzen für Terrarien. Allerdings muß die richtige **Pflanzengemein-** **schaft** gefunden werden. Welche Tiere werden gehalten, wie ernähren sie sich? Wie groß und schwer sind sie? Die technischen Einrichtung ist wie für Vitrinen beschrieben zu wählen. Nach dem Grundaufbau werden zuerst Begleitpflanzen eingesetzt. Dazu zählen der Zwerggummibaum, *Ficus pumila*, von dem es eine Varietät *Minima* gibt, *Episcia, Fittonia, Spatiphyllum, Acorus* und viele grüne Bromelien. Graue, also atmo-

sphärische Tillandsien sind nur für kühlere, besonders helle Terrarien geeignet. Farne am Boden, aber auch epiphytische, *Selaginella* und Peperomien lassen sich leicht pflegen. Erst wenn die Grünpflanzen eingewachsen sind, folgen die Orchideen und zuletzt die Tiere. Die passenden Orchideen kann man sich aus den Listen nach den Temperaturgruppen und Größe zusammen stellen. Es kommen vor allen Dingen Gattungen und Arten **ohne** strenge Ruhezeit in Frage. Die Pflege ist nicht aufwendig, allerdings können Schädlinge ein Problem werden. Gift ist nicht möglich, Nützlinge sind nur beschränkt einsatzfähig, könnten sie doch bei einigen Tieren des Terrariums als Zusatznahrung gelten. Vorbeugend muß man darauf achten, daß nur völlig schädlingsfreie Pflanzen eingesetzt werden. Frisch erworbene Exemplare zuerst in Quarantäne beobachten. Asseln und Schnecken, die mit Moos oder Erde eingeschleppt werden, bei Dunkelheit mit Hilfe einer Taschenlampe aufspüren. Futtertiere sind meistens ebenfalls Pflanzenfresser, sie sollten nur in der Zahl eingesetzt werden, damit sie nicht lange überleben, also keinen Schaden anrichten.

Phalaenopsis equestris, eine besonders schöne und kleinwüchsige Art, ist für warme Terrarien geeignet.

Paludarium

Die optimale Verbindung von Pflanze und Tier, von Wasser und Land wird in einem Paludarium erreicht. Die Größe einer solchen Anlage richtet sich nach der Nutzung. Nicht unerheblich sind Gewichtsprobleme, die durch den Aquariumteil auftreten. Allgemein rechnet man ein Drittel Wasserteil und zwei Drittel Landteil. Die Höhe mit Unterbau wird durch die Zimmerhöhe beschränkt. Im Unterbau wird die aufwendige Technik untergebracht, um Filter, Vorschaltgeräte usw. Alles bisher über Vitrine und Terrarium gesagte bleibt gültig, jedoch wird durch die hohe Luftfeuchtigkeit aus dem Wasserteil nun die Pflege feuchttropischer und subtropischer Pflanzen möglich. Tag- und Nachtlänge sind fast konstant mit zwölf Stunden, die Temperatur liegt im Mittel bei ca. 24°C. Neben Pflanzen im Wasser, kann ein Sumpfteil gestaltet werden, der in den Landteil und letztlich zu den Epiphythen übergeht. Im oberen Bereich des Paludariums, besonders in der Nähe der Lichtquelle, lassen sich dann auch Pflanzen pflegen, die trockenere Bedingungen benötigen. Der Tierbesatz muß sorgfältig gewählt werden, Tierkot kann sogar zu Überdüngung führen, allerdings bei kleineren Exemplaren wie Fröschen und Echsen spielt dies keine Rolle. Tierarten, die Pflanzen als Nahrung bevorzugen,

Wasserschildkröten oder Leguane kommen ebenfalls nicht in Frage. Das Ziel, ein in sich geschlossenes System zu schaffen, den Kreislauf von Wasser, darin gelöste Nährstoffe, von Wärme, Luft und Licht herzustellen ist nicht leicht. Patentrezepte kann es dafür nicht geben, Beobachtung der Tiere und Pflanzen und behutsame, regulierende Eingriffe sind unumgänglich. Geduld muß die wichtigste Eigenschaft des Pflegers sein. Erst muß die Bepflanzung

Im Paludarium lassen sich Pflanzen- und Tierpflege vereinen. Die Zusammenstellung wird von dem Temperaturbedürfnis der Tiere bestimmt.

geschaffen werden, dann folgen die Tiere im und außerhalb des Wassers. Die Tropenwelt zu Hause kann den Regenwald nicht ersetzen, sicher macht sie aber sensibler für die Bedeutung dieses einzigartigen Lebensbereiches und zeigt die Gefahr jedes Eingriffs.

43

Orchideen im Gewächshaus

Für die meisten Orchideenfreunde bleibt das Gewächshaus immer ein Traum, ob aus Kosten-, Zeit- oder einfach nur aus Platzgründen. Für andere, die schließlich Gewächshausbesitzer werden, wird es zum Alptraum. Mancher, der jahrelang erfolgreich Orchideen am Fenster gepflegt hat, versagt nun im Gewächshaus. Die Gründe sind vielfältig. Kleingewächshäuser bieten optimale Bedingungen für die Orchideen, aber auch für ihre Schädlinge. Vieles entscheidet sich bei der Auswahl des Gewächshauses. Da Orchideen Wärme benötigen, muß es gut isoliert sein, mindestens Doppelstegplatten (16 mm) oder Isolierglas und ein festes, frostfreies Fundament haben. Die Heizung darf keine zu hohe Oberflächenwärme abgeben (Lufttrockenheit!), Warmwasserrohrheizungen sind am vorteilhaftesten. Mindestens 20 % der Gesamtglas-Außenfläche muß als Lüftung vorgesehen sein (Tür und Fenster). Der Standort sollte windgeschützt und das Haus in Ost-West-Richtung ausgerichtet sein. Ob Aluminium, Stahl oder Holz spielt eigentlich keine Rolle, allerdings lassen sich in den Aluminiumsprossen, die aus statischen Gründen

Schlitzöffnungen haben, Hängepflanzen, Gitter usw. befestigen. Schattierungsmöglichkeit, ob außen oder innen, müssen für Orchideen vorhanden sein. Bewegliche Schattierungen sind optimal, aber aufwendig zu installieren. Eine »lebende«, mitwachsende Schattierungen verbessert zusätzlich die Luftfeuchtigkeit. Dafür eignen sich Tafelwein, die Passionsblume *Passiflora edulis*, *P. caerulea* oder *P. quadrangularis*, die Pfeifenwinde *Aristolochia grandiflora* oder *A. elegans*, auch der Zwerg-

gummibaum *Ficus pumila* und mancher Philodendron. Einige behalten allerdings ihr Laub auch im Winter, das führt zu Lichtmangel bei den Orchideen. Dann dient ein kräftiger Rückschnitt den Orchideen. Bei Orchideen soll der Gewächshausboden nicht durch Beton versiegelt sein, lediglich die Wege im Haus werden befestigt. Zur Pflege stehen die Töpfe auf Tischen, die mit einer Gitterauflage aus Holz (natürlich ohne Holzschutzmittel!) oder Metall bedeckt sind. Etagen- und Hängetische sind eine andere Möglichkeit. Stehende Nässe auf Tischen ist für Orchideen gefährlich, daher kommen Platten,

Die optimale Heizung im Gewächshaus ist eine Warmwasserrohrheizung.

Wannen und Filzauflagen, wie sie im Erwerbsgartenbau üblich sind, für Hobbygärtner nicht in Frage. Die Tiefe der Tische darf nicht mehr als 90 cm betragen, sonst kann man nicht alle Pflanzen richtig sehen. Daraus ergibt sich eine Gewächshausbreite von höchstens 3 oder 6 m. Bei hoher Luftfeuchtigkeit lassen sich die Orchideen auch auf Korkeichen-, Weinreben- oder Hartholzästen aufbinden. Kunstbast oder Nylonstrümpfe dienen als Bindematerial.

Durch Sonneneinwirkung steigt die Temperatur im Gewächshaus viel schneller an als in der Wohnung oder im Freien. Hohe Luftfeuchtigkeit schützt die

Wer erst wenige Orchideen sein Eigen nennt, nutzt den Platz zunächst mit Schmuckpflanzen. Sie verbessern das Klima und erleichtern die Pflege.

Pflanzen dann vor Überhitzung. Wer Orchideen in ein neues Gewächshaus bringt muß daran denken, das erst die Gemeinschaft die optimale Pflege ermöglicht. Das Haus darf also nicht halbleer sein, sondern muß mit vielen Pflanzen versehen sein. Selbst wenn es zunächst nur wenig Orchideen sind, können Blattpflanzen und sogar Gemüse für die notwendige Transpiration und damit für eine hohe Luftfeuchtigkeit sorgen. Nicht nur Orchideen lassen sich in einer Gemeinschaft besser pflegen. Für Orchideen sind auch die früher üblichen Erdhäuser vorteilhaft. Zwar ist der

Lichteinfall nicht so hoch, Luftfeuchtigkeit und die Temperaturführung sind jedoch günstiger. Außerdem spart man Heizkosten. Natürlich gilt auch für das Gewächshaus die Einteilung in Kalt-, Temperiert- oder Warmhaus. Mit einigen Tricks lassen sich die Nutzungsmöglichkeiten erweitern. So ist es in der Nähe der Dachflächen wärmer als am Boden. Auf Hängetischen kann man deshalb die eher wärmeliebenden Pflanzen auch in einem sonst nur temperierten Haus unterbringen.

Feinde der Orchideen im Gewächshaus sind, neben Woll-, Schmier- und Schildläusen, vor allem Schnecken. Pilzliche und bakerielle Erkrankungen werden durch zuviel oder zuwenig Wärme gefördert. Gegenmittel: richtige Temperatur, Luftbewegung und Frischluft!

45

Orchideen im Wintergarten

Genaugenommen sind Wintergärten besser isolierte Gewächshäuser, die Kulturvoraussetzungen sind also ähnlich wie dort. Aber eben nur ähnlich!

Zwei Typen der Wintergärten sind zu unterscheiden, einmal der klassische Wintergarten: Er beherbergt die mediterranen Kübelpflanzen, Palmen und eben Orchideen.

Zum anderen der verglaste Raum, der sich weniger als »Treibhaus« mit entsprechender Luftfeuchtigkeit sondern eher als zusätzlicher Wohnraum mit günstigeren Lichtbedingungen erweist und dessen Boden anders als im richtigen Wintergarten total versiegelt ist.

Bei der Auswahl der Orchideen kommen nur solche aus dem warmen Bereich in Frage: *Phalaenopsis*, einige *Paphiopedilum*-Arten, manche *Dendrobium*. Voraussetzung für die erfolgreiche Pflege sind allerdings Maßnahmen zur Verbesserung der Luftfeuchtigkeit in der unmittelbaren Umgebung der Pflanzen.

Übrigens, eine Schattierung muß in allen Wintergärten, wenn sie nicht gerade an der Nordseite angebracht sind, für Orchideen immer vorhanden sein.

Um die für Warmhausorchideen notwendige Luftfeuchtigkeit zu schaffen, sind Pflanzeninseln zu empfehlen: Die Gemeinschaft mit weichlaubigen Pflanzen und solchen mit viel Blattmasse erhöht die Verdunstung. Das kann ein Epiphytenstamm mit Bromelien und ihren Wassertrichtern sein, aber auch Kletterpflanzen, wie *Philodendron, Allamanda*, Ampelpflanzen wie *Columnea, Platycerium* oder wärmeliebende Kakteen. Auch technische Hilfsmittel können helfen, die Luftfeuchtigkeit zu verbessern. Beispiele sind Zimmerspringbrunnen, ein kleiner, künstlicher Wasserfall oder Pflanzwannen mit Blähton.

Bedingt durch die ansonsten niedrige Luftfeuchtigkeit der Umgebung muß verstärkt auf Spinnmilben geachtet werden. Der Wintergarten ist jedoch das ideale Umfeld für den Einsatz der Nützlinge, die gegen Spinnmilben eingesetzten Raubmilben haben sich hier besonders gut bewährt.

Wintergärten mit Klimaanlagen, Belüftungen über Ventilatoren und Kaminlüftungen sind vielleicht für den zeitweisen Aufenthalt von Menschen angenehm. Aber Pflanzen, auch Orchideen, lassen sich dauerhaft darin nicht pflegen. Permanente Zugluft ist tödlich. Leider fehlt meist auch eine ausreichende Lüftung im Dachbereich, die, wenn auch nur kurzzeitig, sogar im Winter geöffnet werden muß.

Der Wintergarten mit Kübelpflanzen, der nur im Sommer oder an Tagen, wenn er von der Wintersonne erwärmt ist, dem Aufenthalt der Menschen dient, ist besser zur Orchideenpflege geeignet. Zwar kann er nur Orchideen des temperierten oder sogar kalten Temperaturbereiches aufnehmen, diese lassen sich dort aber leichter pflegen. Sie können auch mit den Kübelpflanzen zur Sommerzeit in den Garten wechseln.

Meist ist die Luftfeuchtigkeit durch die Vielzahl der Pflanzen und die niedrige Temperatur hoch genug. Im Gegenteil, zu hohe Luftfeuchtigkeit würde den Pflanzen in der Ruhezeit nur schaden, da Pilze und Bakterien solche Orte bevorzugen. Luftbewegung und ausreichend Frischluft sind die besten Gegenmittel.

Je nach dem Temperaturbereich des Wintergartens lassen sich hier *Cymbidium* mit *Zitruspflanzen, Rossioglossum, Odontioda*, einige *Laelia*-Arten mit Fuchsien oder *Chrysanthemum* pflegen. Wie immer kommt es auf die Auswahl an. Geschätzt sind gerade solche Orchideen, die im Winter blühen – zum Beispiel die frühblühende *Cymbidium*, die berühmte *Coelogyne cristata, Laelia autumnalis* und andere. Auskunft geben die Pflanzenlisten im Anhang. Mit der frühzeitigen Erwärmung im Frühjahr regen sich Läuse, sie schätzen die jungen Triebe, Ameisen finden Einlaß in fast jeden Wintergarten, sie sorgen für die Verbreitung der Läuse. Blüten und Knospen der winterblühenden Orchideenarten sind geschätzte Opfer. Rechtzeitiges Erkennen, Gelbtafeln, Nützlinge und biologische Präparate helfen dagegen.

Im Winter sollten knospige
Pflanzen nicht den Standort
wechseln, also dort bleiben, wo
sie Knospen bilden, bis sie voll
erblüht sind (wie Kamelien).
Danach kann ein Wechsel erfolgen.

**Orchideen sind für einen Winter-
garten ideal.**

47

Orchideen und Hydrokultur

Es sind nicht wenige Orchideenfreunde, die ihre Pflanzen, teilweise schon seit Jahrzehnten, in Hydrokultur halten. Hydrokultur hat sich in der Innenraumbegrünung bei Banken und in Büros, teilweise auch in den privaten Haushaltungen durchsetzen können. Das System soll Gießfehler vermeiden. Vom Fachverband Deutscher Hydrokultur wurden Normen festgelegt, so kann man Klein- und Großgefäße, Kulturtöpfe, Übertöpfe, Wasserstandsanzeiger für Klein- und Großgefäße, aber auch »genormte Pflanzen« erwerben. Mitgeliefert werden Pflegehinweise, Lichtbedarf und Langzeitdünger. Endlich, so könnte man meinen, ein System, das überall und jedem Pflanzenpflege ermöglicht. Leider stimmt das so nicht. Sicher, die genormten Standardpflanzen kennt man, weiß ihre Wünsche richtig einzuschätzen, doch Abweichungen aus diesem Sortiment, und dazu gehören Orchideen, bringen Schwierigkeiten. Pflegefehler, zu viel oder zu wenig Licht, zu niedrige oder zu hohe Temperatur, oder eine falsche Nährstoffzusammensetzung werden auch von Hydropflanzen nicht vertragen.

Daß trotzdem Orchideen besonders für Hydrokultur geeignet sind, läßt sich nicht abstreiten. Zum einen ist es die Strukturbeständigkeit, der hohe Sauerstoffanteil und die hervorragende Wasserführung des Blähtons. Zum anderen die leichte Beurteilung der Feuchtigkeit im Substrat durch den Wasserstandsanzeiger.

Pflanzen in Hydrokultur benötigen immer einen zusätzlichen Übertopf. Er bestimmt durch seine Größe den Wasservorrat und damit die Gießintervalle. Für Orchideen darf der Übertopf nicht zu groß gewählt werden.

Zur erfolgreichen Pflege in Hydro sind jedoch Abweichungen von der sonst üblichen Norm zu berücksichtigen. Orchideen sollte man nur dann auf Hydrokultur umstellen, wenn die Pflanzen gerade am Anfang der Wachstumsphase stehen, d. h. wenn sich neue Wurzeln, Blätter oder Triebe zeigen. Erwirbt man Orchideen zu einem »falschen« Zeitpunkt, gilt: nur vorsichtig gießen.

1. Nur saubere Kulturtöpfe verwenden, wenn nötig desinfizieren (mit Chinosol, 1 g / 1 l Wasser). Unbedingt neuen Blähton verwenden oder den Blähton zuvor bei 250 °C im Backofen sterilisieren.

2. Blähton wird in unterschiedlichen Korngrößen gehandelt, für »erwachsene«, normalgroße Pflanzen 14/16 mm, sonst kleinere Fraktionen nehmen. Den Blähton in sauberem Leitungswasser anfeuchten.

3. Orchideen in lauwarmem Wasser von der Erde befreien. Alle beschädigten und faulen Wurzeln entfernen.

4. Die Pflanze in einen Kulturtopf setzen, der ungefähr die Größe des alten Gefäßes hat, höchstens 5 cm größer!

5. Pflanzhöhe wie im alten Substrat, den feuchten Blähton vorsichtig einschütten, keine Wurzeln quetschen.

6. Pflanzen wenn nötig mit einem Stab befestigen, sie dürfen in der Anwachsphase nicht wackeln.

7. Kein Wasser einfüllen, lediglich die ersten zwei bis drei Wochen staubfein sprühen. Ein

Folienbeutel um die Orchidee in der lichtreichen Zeit verbessert die Luftfeuchtigkeit und erleichtert das Anwachsen.

Wenn die Pflanze eingewurzelt ist, kann Wasser aufgefüllt werden und es muß sofort mit der Ernährung begonnen werden. Bei besonders dicken, fleischigen Wurzeln wie denen von *Cymbidium* oder *Phalaenopsis*, kann es trotz Sorgfalt zu Wurzelfäule kommen. Bei Hydrokultur ist ja eine Überprüfung des Topfs leicht möglich, faulen die Wurzeln, muß die Umsetzprozedur sofort wiederholt werden.

Für Orchideen sollte der Wasserstandsanzeiger niemals oder fast niemals das Maximum anzeigen, sondern sich als Normalstand im Bereich zwischen Minimum und Optimum bewe-

Hydrokultur kann die Orchideenpflege erleichtern. Gegossen wird aber nur, wenn die Anzeige auf »Minimum« steht.

gen. Aufgefüllt wird aber nur bei Minimum!

Standort, also Licht und Temperatur, vor allem aber auch die Ruhezeiten, müssen für Orchideen in Hydrokultur ebenfalls eingehalten werden. Für Kalthausorchideen bedeutet das, daß in dieser Zeit nicht gegossen werden darf. Langzeitdünger sind nur für vollkommen durchwurzelte Pflanzen geeignet, günstiger sind Flüssigdünger oder Spezialdünger. Bei Langzeitdüngern die Dosierung je nach Angaben der Hersteller halbieren.

Sonderformen der Orchideenpflege

Neben Hydrokultur sind immer wieder andere Pflegemethoden probiert worden. Von der Dochtkultur oder dem sogenannten Epiflorverfahren (reine Styroporchips) bis zu verschiedenen geschäumten Kunststoffen. Von den unterschiedlichen Substraten ganz zu schweigen! Alle Methoden haben vornehmlich ein Ziel: Sie sollen sichere Gießverfahren ermöglichen. Es sind immer besonders »Pflanzeninteressierte«, also eigentlich Profis, die Urheber neuer Methoden sind.

Bei der Dochtkultur wird der normale Pflanzstoff beibehalten, lediglich der Docht wird durch den Boden des Wassergefäßes in den Pflanzstoff geführt. Durch Kapillarwirkung wird Wasser und Nährstoffe in den Pflanzstoff transportiert. Dazu werden, je nach System, entweder Übertöpfe oder Wannen verwendet. Diese Systeme werden durch verschiedene Materialien für den Docht, durch Führungsröhrchen usw. laufend verbessert.

Neben dem Gießen, wo nun einmal die häufigsten Fehler gemacht werden, können auch andere Faktoren, zum Beispiel das Licht, verbessert werden. Dies reicht von Pflanzenleuchten zur Ergänzung bis hin zur Kultur unter Kunstlicht. Erfolgreich ist dies nur mit hohem technischem Aufwand.

Die Vorstellung, alle klimatischen Bedingungen durch Technik, von der Heizung über Licht und Luftfeuchtigkeit bis vielleicht sogar zum künstlichen Regen optimal zu schaffen, ist faszinierend.

Nur stößt man schnell an Grenzen, denn man kennt den Lichtbedarf und die Temperaturwünsche nur von wenigen Orchideen genau. Eine Sammlung müßte entweder langweilig bleiben oder mit der Gefahr vieler Mißerfolge gepflegt werden. Der Versuch, mindestens die Automatisierung der Bewässerung mit Tröpfchen- und Sprühverfahren zu erreichen, benötigt viel Einfühlungsvermögen und technisches Verständnis. Im Pflanzstoff muß sich Feuchtigkeit **gleichmäßig** verteilen können. Dabei darf er trotzdem nicht verdichten, also nicht zu fein ausfallen. Berücksichtigt werden muß der individuelle Wasserbedarf einzelner Orchideen. Die Pflanzen einer Orchideengattung, -art oder -sorte wachsen nun einmal nicht alle gleich schnell oder langsam. Automatische Bewässerung kann zeitweilige Abwesenheit des Gärtners überbrücken, als Dauerpflege in gemischten Sammlungen ist sie bislang jedoch nicht erfolgreich. Aussichtsreicher sind Verfahren mit neuen Substraten. Sie

ermöglichen es, die Bewässerung zu steuern oder doch zu kontrollieren.

Seit einiger Zeit ist SERAMIS, ein gebrannter, offenporiger Ton, auf dem Markt. Seine hohe Wasserspeicherkapazität bei günstiger Luftführung, macht ihn auch für Orchideen interessant. Die Wasserverteilung erfolgt **gleichmäßig** über das Substrat. Der Hersteller empfiehlt das Umsetzen mit Ballen, das Substrat bleibt erhalten. Das kann für Orchideen jedoch gefährlich werden. Handelsübliche Orchideen werden in sehr »torfhaltigen« Substraten mit wenig Struktur geliefert. Die Wurzeln im alten Substrat faulen, wenn das Substrat verdichtet und sich zersetzt. Manchmal sind sie schon beim Kauf geschädigt. Fäulnis sucht sich später auch den Weg ins neue Seramissubstrat.

Bei Orchideen sollte man daher anders verfahren als für Zimmerpflanzen sonst empfohlen, wenn das alte Substrat aus überwiegend organischen Materialien besteht.

Sicherer ist es immer, nur zu **Beginn der Wachstumszeit** zu verpflanzen, also nicht anders als bei Hydro- oder Erdkultur. Alle geschädigten Wurzel entfernen, mit scharfem Werkzeug arbeiten, Schnittstellen nicht quetschen! Altes Substrat nicht

Substrate wie SERAMIS können die Orchideenpflege erleichtern.

auswaschen, nur ausschütteln und mit Seramis auffüllen. Topfgröße entsprechend kleiner wählen als vom Hersteller angegeben. Das Verhältnis $1/3$ Substrat, $2/3$ Seramis sollte man aber beibehalten. Wasser-

standsanzeiger helfen, sind für Orchideen aber nur in der Wachstumsphase zu verwenden. Natürlich müssen auch die Temperaturansprüche der Orchideen berücksichtigt werden, gerade in der Ruhezeit.

Orchideenkauf – was ist zu beachten?

Orchideen werden im Blumengeschäft, im Gartencenter, in der Orchideenspezialgärtnerei und im Versandhandel angeboten.

Eigentlich sollten überall nur qualitativ hochwertige Exemplare zum Verkauf gelangen, doch leider muß man feststellen, daß dies nicht der Fall ist. Nach wie vor fehlt es, nicht nur beim Käufer, an Wissen. Wie transportiert man Orchideen, sind überhaupt alle für den Verkauf ohne Beratung geeignet? Reichen die Pflegehinweise wie sie z.B. von den Orchideengärtnereien, die im »Verband Deutscher Orchideen-Betriebe e.V.« zusammengeschlossen sind, herausgegeben werden, eigentlich aus?

Noch verwirrender sind oft die Hinweise holländischer Gärtner, die einfach schreiben: halbschattig, wenig Wasser und fast alle Orchideen heißen Cambria! Man hat manchmal das Gefühl, hier soll nur irgendwas »mitgeben«, werden, weil der Verbraucher nun einmal an eine Gebrauchsanweisung gewöhnt ist.

Wie kann man es aber besser machen, was kann man selber berücksichtigen? Zuerst muß man sich von der Vorstellung trennen, es gäbe eine generelle Gebrauchsanweisung für Pflanzenpflege. Es können immer nur Empfehlungen sein, die man an die eigenen Beobachtungen anpassen muß. Dazu gehört allerdings wieder Erfahrung. Skepsis ist immer angebracht, wenn konkrete Angaben gemacht werden, wie beispielsweise alle 8 Tage gießen, von März bis August düngen, blüht im August usw. Diese Hinweise können für Orchideen nur falsch

Cymbidium-Miniatur-Hybriden sind nicht nur durch ihre Größe ideale Zimmerpflanzen.

52

sein, jede Orchidee ist anders, eben ein »Einzelwesen«.

Wenn einem nun eine Orchidee gefällt, muß man zuerst versuchen, etwas über die Temperaturwünsche in Erfahrung zu bringen. Es hat eben keinen Zweck, eine Kalthausorchidee im warmen Wohnzimmer zu halten. Dann überprüft man die Pflanze auf sichtbare Schäden. Dazu zählen schlaffe Blätter, fleckige Blüten, schmieriges Substrat. Läuse sehen an Orchideen nicht anders aus als an jeder anderen Zimmerpflanze. Befallene Pflanzen also gar nicht erst erwerben! Stehen Orchideen schon im Laden in der Zugluft, im Winter vielleicht in der Nähe der offenen Tür, oder wie man auch manchmal sehen kann, auf dem offenen Marktstand, ist von einem Kauf ebenfalls abzuraten. Spätfolgen, die man häufig mit der Ursache nicht mehr in Verbindung bringt, sind Fäulnis, Abfall der Knospen bis zum Totalverlust. Weiterere Hinweise für unsachgemäße Behandlung sind fehlende Blüten in der Rispe, gelbe, trockene Knospen und beschädigte Wurzeln. Angebotener Preisnachlaß für Schäden sind für Anfänger ein Risiko, für fortgeschrittene Orchideenpfleger die Chance für ein Schnäppchen. (Bei geschädigten Exemplaren nach dem Erwerb sofort die Knospen oder Blüten entfernen, ihre Erhaltung kostet den Pflanzen viel Kraft, die sie besser zur Gesundung nutzen!) Knospige Pflanzen zu erwerben ist gleichfalls risikoreich, sie vertragen die mehrfache Umstel-

lung von der Gärtnerei zum Handel und zum Käufer schlechter, als bereits weitgehend erblühte. Im Winter unbedingt auf frostsichere Verpackung bestehen. Mehrere Lagen Zeitungspapier sind ein guter Schutz. Folien nicht nur aus Umweltgründen ablehnen, sie erhöhen das Botrytisrisiko. Direktimporte aus tropischen Ländern, die durch schnelle Transporte möglich werden, sind ebenfalls gefährlich – so sieht man *Vanda* und *Dendrobium* aus Thailand zu Weihnachten in den Geschäften bei uns. Da die Anpassung, besonders im Win-

Orchideen im Verkauf. Solche Auswahl bieten eigentlich nur Spezialgärtnereien, aber manchmal hat man auch im Gartencenter Glück.

ter, recht schwierig, ist, sind Mißerfolge wahrscheinlich, auch wenn die Orchideen eigentlich gesund sind. Beim Versandhandel auf Begleitpapieren bestehen – siehe Naturschutz und Orchideen, – keine Pflanzen ohne Wurzeln, bzw. Gefäß erwerben, sondern nur kultivierte Exemplare.

53

Orchideen und Züchtung

Die Förderung bestimmter Eigenschaften kann für Lebewesen »überlebenswichtig« sein. Jedoch benötigen echte Veränderungen meistens viele Generationen. Abweichungen, die spontan entstehen, etwa durch Veränderung der Chromosomen, nennt man Mutationen. Die Chromosomen enthalten die Gene, die Erbanlagen. Diese Gene zu beeinflussen, bestimmte Eigenschaften einer Pflanze zu fördern, wie Haltbarkeit und Größe der Blüten, ist das Ziel der Züchtung.

Durch die Anpassung an bestimmte Bestäuber-Insekten wird bei Orchideen die Vermehrung innerhalb der Art gesichert.

Charles Vuylsteke zu Ehren wurde die Gattung *Vuylstekeara* benannt.

Übernimmt jedoch der Mensch die Aufgabe, den Pollen zu übertragen, kann er nicht nur geographische, sondern auch bestäubungstechnische Grenzen überschreiten. Es entstehen völlig neue, in der Natur eigentlich nicht vorhandene Gattungen und Arten. Nach einer Bestäubung wachsen die Pollenschläuche durch die Säule in den Fruchtknoten, wo es zur eigentlichen Verschmelzung der männlichen und weiblichen Zellkerne kommt. Dabei leisten sich Orchideen den Luxus, für jeden weiblichen Zellkern im Fruchtknoten einen eigenen Pollenschlauch auszubilden. Dadurch variieren die Eigenschaften der Nachkommen, in Grenzen, voneinander. Dies ist ein zusätzlicher Reiz der Orchideen gegenüber anderen Zimmerpflanzen.

Man kann bei den Orchideen innerhalb einer Art (das ist der Normalfall), innerhalb einer Gattung, also im Verwandtschaftskreis und darüberhinaus auch mit anderen Gattungen kreuzen. Die Zuchtarbeit bei den Orchideen begann 1856 in England, die Zahl der Kreuzungen ist bis heute auf über 35000 angewachsen, wobei nur die registrierten Kreuzungen berücksichtigt sind. Alle Orchideen müssen nämlich zur Anerkennung der Zucht in England angemeldet werden.

Wie man manchmal Züchtungen schon am Namen erkennen

kann, soll beispielhaft einmal in der »Ahnenreihe« der bekannten Cambria, die richtig *Vuylstekeara* 'Cambria' heißt, aufgezeichnet werden.

An diesem Beispiel der Züchtung *Vuylstekeara* 'Cambria' aus

Vuylstekeara 'Cambria' var. Plush, eine alte, aber auch eine der bekanntesten Zimmerorchideen. Gezüchtet wurde sie schon 1931.

tonia und *Odontoglossum.* Der neue, »künstliche« Name lautet zu Ehren des belgischen Züchters Charles Vuylsteke, die Endung -ara- gibt den Hinweis auf die multigenerische Züchtung.

Gattungshybriden bieten die Chance, völlig neue Orchideen als Zimmerpflanzen oder Schnittblumen zu ziehen. Die Berufs- und immer mehr auch die Hobbygärtner beschränken sich bei der Auswahl der Zuchtpflanzen auf äußerliche Merkmale wie Farbe, Form, Haltbarkeit, Wachstumseigenschaften und Größe. Außerdem wirken Intuition und Zufall. Selbstverständlich werden Erkenntnisse der allgemeinen Pflanzenzucht, wie die Beeinflussung der Gene durch Bestrahlung oder chemische Reize, berücksichtigt – allerdings mit mäßigen Erfolg. Nicht jede Kreuzung gelingt, manchmal sind mehr als Hundert Versuche notwendig. Auch wenn dann Samen gebildet werden, ist es fraglich, ob sie keimen. Wie wachsen die Jungpflanzen? Bis zur ersten Blüte der neuen Kreuzung vergehen bei *Paphiopedilum* zum Beispiel bis zu 8 Jahre, kein Hobby also für ungeduldige Zeitgenossen!

dem Jahr 1931 mag man erkennen, wie kompliziert die Zusammenhänge um eine multigenerische, also einen Mehrgattungshybride sind. Sogar für die Pflege kann solches Wissen nützlich sein. Hier zum Beispiel die Herkunft der Vorfahren: Die Mehrzahl wächst in kühlen Regionen, und so fühlt sich auch die *Vuylstekeara* 'Cambria' im kalten Temperaturbereich wohl. Bei der Cambria sind die beteiligten Gattungen *Cochlioda, Mil-*

Orchideen und Naturschutz

Nicht nur unsere heimischen Orchideen, auch die tropischen, oder gerade sie, sind gefährdet. Die Vernichtung der tropischen Regenwälder, die »Gier« der Sammler nach verbotenen Pflanzen läßt ihnen wenig Chancen. Viele Arten werden wir nie zu Gesicht bekommen, ihre Vernichtung erfolgte vor der Entdeckung. Das weiß man nicht erst seit heute. Auch schon die Sammelreisen der Orchideenjäger zu Beginn des 19. Jahrhunderts haben manchen Pflanzen die Existenz gekostet, zumal die Transportwege hohe Opfer verlangten. 1975 wurde das »Washingtoner Artenschutzübereinkommen« abgeschlossen, das bisher 105 Staaten unterzeichnet haben. Als schutzbedürftig wurden sämtliche Orchideenarten in die Listen aufgenommen. Einige wurden gänzlich vom Handel ausgeschlossen, andere nur mit bestimmten Papieren zugelassen. Einzelheiten dieser Bestimmungen regeln Bundes- und Landesgesetze. Im Bundesnaturschutzgesetz ist zum Beispiel geregelt, welche Ausnahmen von den Besitz-, Vermarktungs- und sonstigen Verkehrsverboten zulässig sind und wer diese Ausnahmen genehmigt. So sind Pflanzen, die im Geltungsbereich des Gesetzes durch Anbau gewonnen werden von den Beschränkungen mit bestimmten Auflagen befreit. Damit überhaupt deutlich wird,

daß hier nicht die Falterorchidee aus dem Blumengeschäft um die Ecke gemeint ist, ein Zitat aus dem »Spiegel Nr. 48/1989«. »Die Frauenschuh-Orchidee *Paphiopedilum sanderianum* gilt als kostbare Rarität unter den Orchideen. Vor gut 100 Jahren auf den indonesischen Inseln entdeckt, dann wieder verschollen, wurde sie zur Kultpflanze für Sammler.
Als das bizarre Gewächs bei einer Expedition (in einem Nationalpark!) wiedergefunden und 1984 neu beschrieben wurde, boten amerikanische Liebhaber Zehntausende von Dollar für ein Exemplar. Nun ist die Wildorchidee vom Aussterben bedroht: Mit Hilfe von Schmugglern haben Händler die vergeblich geheim gehaltenen Standorte nahezu leergeräumt.« 60 000 Pflanzenarten werden nach Schätzungen des WWF bis zur Mitte des nächsten Jahrhunderts unwiederbringlich vernichtet sein, darunter nicht wenige Orchideen.
Das läßt sich nur verhindern, wenn Nachzuchten der selten gewordenen Orchideen wieder ausgebürgert werden. Jeder Orchideenfreund vermeidet den

Kauf geschützter Pflanzen. Wildarten dürfen nur aus Nachzuchten erworben werden, verlangen Sie beim Kauf eine Bescheinigung. Niemals in tropischen Ländern heimische Orchideen erwerben, sie dürfen bei uns nicht eingeführt werden! (Ausnahme mit **zuvor** erteilter Genehmigung des Bundesamtes

Cattleya skinnerii, heute eine besonders geschützte, selten gewordene Orchidee. Sie ist als Nachzucht aus heimischen Gärtnereien erhältlich.

für Ernährung und Forstwirtschaft in Frankfurt. Näheres bei den Naturschutzbehörden.) Vorsicht! Einfuhren von Wildorchideen, die nur kurz in Gärtnereien der Tropen gehalten wurden, um sie als Nachzuchten zu deklarieren, werden von unseriösen Händlern immer wieder auf den Markt gebracht. Sie sind vom Fachmann leicht zu erkennen, den Laien sollten Schnäppchenpreise stutzig machen.

Die echte Nachzucht einer seltenen Art kostet, weil in geringerer Auflage und meist schwieriger nachzuziehen als Schnitt- und Topfblumenpflanzen, zwar mehr, aber nie übertrieben mehr als andere Orchideen.

Pflanzen aus der Nachzucht der Betriebe des VDOB und holländischer Gärtner sind in vielen Gattungen und Sorten verfügbar, auch die abwechslungsreichste Sammlung kann auf gesammelte Orchideen wirklich sehr gut verzichten, auf keinen Fall aber auf nachgezogene Naturarten!

Manchmal verwirrend: die Nomenklatur

Irgendwie muß man Orchideen ja benennen können, man will ihre Schönheit beschreiben, man nennt Namen und will anderen nur von einer bestimmten Orchidee berichten.

Die Vielfalt der Pflanzen und die Tatsache, daß sie durch den Handel vor National- oder Sprachgrenzen keinen Halt machen, hat eine internationale Regelung notwendig werden lassen. Mit der Einführung der binären Nomenklatur durch den schwedischen Botaniker Carl v. Linné wurde ein Weg gefunden, der bis heute die Regeln festlegt. So kann man unter anderem die Familie (bei den Orchideen eben Orchidaceae), die Gattungen und Arten einteilen. Doch damit nicht genug, die Schreibweise ist ebenso genau vorgeschrieben wie Aussprache und Zeichensetzung. Darüber, daß alle Vorschriften eingehalten werden, wachen internationale Gremien. Änderungen müssen stichhaltig begründet werden und setzten sich dann in der Praxis bei den Gärtnern meist erst nach einem Generationenwechsel durch.

Der Frauenschuh mag ein Beispiel dafür sein. Bis ca. 1960 hießen alle Frauenschuhe in der Gattungsbezeichnung *Cypripedium*, dann wurden die tropischen in einer neuen Gattung gegliedert, sie hieß *Paphiopedilum*.

Bei den Gärtnern blieb jedoch noch viele Jahre *Cypripedium* gängig. Schwieriger durchzusetzen sind Änderungen in Gattungen wie *Odontoglossum* oder *Oncidium*. Eine bekannte Art, z. B. die »Münchner Kindl«-Orchidee, die in der Literatur bis heute als *Odontoglossum grande* auftaucht, heißt richtig *Rossioglossum grande*. Neuregelungen geschehen nicht willkürlich, tragen aber zur Verwirrung bei.

Ein weiteres Beispiel ist *Miltonia roezlii*, benannt zu Ehren Benedict Roezls, dem Pflanzensammler.

Die Gattung *Miltonia*, nach Earl Fitzwilliam Viscount Milton (1786 -1857) of Wentworth House, Yorkshire, einem Förderer des Gartenbaus und Besitzer einer Orchideensammlung, wurde 1837 begründet, schon 1889 aber in zwei Gattungen, nämlich *Miltoniopsis* (*Miltonia* ähnlich) und *Miltonia* getrennt. Der Grund: einblättrige Pseudobulben, fehlende Öhrchen an der Säule und die unterschiedliche Art der Verbindung zur Lippe. Diese Trennung konnte sich

nicht offiziell durchsetzen, erst 1976 waren es Botaniker, die die alte, – neue Regelung wieder in Kraft setzten. Dies sind sicher Spitzfindigkeiten, sie sind aber begründet. Die alte Miltonia rozlii heißt also richtig *Miltoniopsis roezlii*. Den alten Namen kann man noch als **Synonym** nennen (Abkürzung syn.). Die Gattung, im Beispiel *Miltoniopsis* wird groß und kursiv geschrieben, die Art, *rozlii* als Naturform

Eine ältere Frauenschuh-Hybride. Beim Gärtner ist sie oft noch immer als *Cypripedium* bekannt.

wird kleingeschrieben, latinisiert, und ebenfalls kursiv. Wird zusätzlich eine Varietät genannt, var. *alba* (weiß), var. *grandifora* (großblumig) folgt diese dem Artnamen. Leider werden diese Varietäten ziemlich willkürlich vergeben. Bei einer Kreuzung oder Züchtung bleibt der Gattungsnamen bestehen, es folgt jetzt aber eine Sortenbezeichnung, die groß und nicht kursiv geschrieben wird, ein Name wie 'Maiers Liebling'. Also *Miltoniopsis* 'Maiers Liebling'. Werden aus dieser Sorte wiederum Selektionen vorgenommen spricht man von einem Kultivar (cv.), also *Miltoniopsis* 'Maier Liebling' cv. Rotes Licht.

Werden zwei Gattungen gekreuzt, entsteht eine neue Gattung aus den Silben der Eltern. *Cattleya* × *Sophronites*, eine bekannte Züchtung nennt sich jetzt *Sophrocattleya*, gefolgt vom Sortennamen. Bei drei und mehr Gattungen wird eine Phantasiebezeichnung oder, wie bei *Vuylstekeara*, ein Züchternamen mit der Endung *ara* gewählt. Sogleich weiß man, daß *Vuylstekeara* 'Cambria' aus mindestens drei Gattungen bestehen muß, Cambria ist der Sortenname, und, auch das ist üblich, einer zusätzlichen Kultivarangabe. Gattung: *Vuylstekeara*, Sorte: Cambria, Kultivar cv. *Orange*.

Die wichtigsten Orchideen

Phalaenopsis
Falterorchidee

Wenn eine Orchideengattung es verdient, als Zimmerpflanze genannt zu werden, dann ist es *Phalaenopsis*. Der Durchbruch dieser einst als heikel beschriebenen Gattung konnte gelingen, als Warmwasserheizungen die Öfen ablösten. Kein Wunder bei der Herkunft, die auch in der Bezeichnung Malaienblume zu finden ist, ist eben die Inselwelt der Philippinen, aber auch

Burma, Südchina und Queensland in Australien. Eine Art, *P. amabilis*, die auch als Topfpflanze im Handel ist, vereinigt alle Eigenschaften, die man der gesamten Gattung nachsagen kann, besonders die Blütezeit über viele Wochen. Bekannt sind etwa 70 Arten. Die Anzahl der Kreuzungen ist groß, auch, weil die Zeit von der Aussaat bis zur Blüte relativ schnell, nämlich in zwei bis drei Jahren abgeschlossen ist. Hinzu kommt aber noch die Zeit der Samenreife mit

immerhin acht Monaten. Weiße und rosa Sorten werden jetzt schon ziemlich sortenrein über Samen vermehrt. Die Vermehrung per Meristem, also durch Gewebekulturen, ist bei einigen Farben üblich, dazu gehören gelbe und bunte Sorten sowie besonders kompakte Typen. Die Züchtung mit anderen Gattungen wie *Ascocentrum, Doritis,* oder *Renathera* sind interessant, haben sich aber als nicht zur Massenvermehrung geeignet herausgestellt. Eine Ausnahme sind die Kreuzungen mit *Doritis.* Solche Kreuzungen heißen dann *Asconopsis, Doritaenopsis* und *Renanthopsis.* Sie brauchen wesentlich länger zur Blüte und wachsen auch später nur langsam. Bekannte Arten, die neben den Züchtungen auch im Handel angeboten werden, sind *P. amabilis* mit Blättern bis 50 cm Länge, einem mehr oder weni-

Phalaenopsis amabilis, eine Art, die in allen weißen *Phalaenopsis*-Hybriden wiederzufinden ist.

Phalaenopsis amboinensis ist besonders lange haltbar und blüht aus alten Trieben immer wieder nach.

ger hängenden, verzweigten, bis 1 m langem Blütenstand. Einzelblüten sind ca. 8 cm groß, weiß, die Lippe ist an der Basis gelb. Heimat: Australien, Philippinen, Indonesien.

P. schilleriana hat 45 cm lange Blätter, der Blütenstand ist ebenfalls verzweigt, bis 1 m lang und hängend. Bis zu 200 Blüten an starken Exemplaren. Die Einzelblüte ist ca. 7 cm groß; sie ist zart bis kräftig rosa, die Lippe trägt an den Seitenlappen rote Punkte. Heimat: Philippinen. Sie ist neben *P. sanderina*, die wichtigste aller rosa/lilafarbener Sorten. Der Tag-/Nachttemperaturunterschied soll für *P. schilleriana* mindestens 5 °C betragen, damit sie sicher zur Blüte kommt.

P. stuartiana ist der vorgenannten zuvor ähnlich im Habitus, ist jedoch weiß mit bräunlich roten Punkten. Kultur und Heimat wie dort. Klein aber besonders hübsch ist *P. equestris*, deren Blätter bis 20 cm und der Blütenstand bis 40 cm lang sind. Sie ist verzweigt. Die Einzelblü-

ten sind bis 4 cm groß und rosa bis magenta gefärbt; die Lippe ist immer dunkler. Heimat: Taiwan, Philippinen. Als Topforchidee häufig angeboten, verlangt sie weniger Wasser als andere und verträgt mehr Licht.

Sehr schön ist auch *P. amboinensis*, deren Blätter fleischig und bis 30 cm lang sind. Der Blütenstand ist bis 35 cm groß und trägt nur wenige Blüten. Die Einzelblüte ist bis 6 cm lang, braungelb bis gelb, mit quer laufenden braunen, rotbraunen Streifen. Eine lange ganzjährige Blütezeit ist möglich. Heimat: Molukken, Ambon, Celebes. Als Ampel kultivieren und die Kindel an der Pflanze lassen. Züchtungen der Falterorchideen sind zahlreich, hier kann man einfach nach dem persönlichen Geschmack entscheiden.

Pflege: Mindesttemperatur am Tag 17 °C, Nachts 17 °C, Idealtemperatur am Tag 22 °C, nachts weniger.

Alle zwei Jahre verpflanzen. Durch fast ganzjähriges Wachstum ist sie besonders für Hydro- und Seramiskultur geeignet. Auf Woll- und Schildläuse achten. *Phalaenopsis* neigen, je nach Sorte, aber auch nach Kulturfehlern wie Nässe und niedrigen Temperaturen zur sogenannten Kindelbildung. An einem Stielknoten bildet sich eine neue, vollständige, wenn

auch kleine Pflanze. Man beläßt die neue Falterorchidee bis zur Wurzelbildung am Stiel, egal wie lange es dauert – manchmal braucht es bis zu 10 Monate. Erst dann trennt man unter- und oberhalb den Stiel ab, läßt das abgetrennte Stück aber an der Kindelpflanze und topft diese wie eine Jungpflanze. Da man so eine »Teilpflanze« erhält, werden im Handel Präparate angeboten, die an Stelle der Blüte Kindelbildung fördern. Handelsname ist 'Keiki Fix'. Dies ist auch eine Möglichkeit, *Phalaenopsis* vegetativ zu vermehren.

Bei *Phalaenopsis stuartiana* sind mehrere bis 60 cm lange Rispen auch für den Hobbygärtner keine Seltenheit.

Paphiopedilum
Frauenschuh

Es kann nicht verwundern, daß nach der Falterorchidee der Frauenschuh zu den bekanntesten Orchideen gehört. In dieser Gattung sind Arten aus wärmeren und kälteren Gebieten Asiens vertreten. Frauenschuh waren schon Zimmerorchideen, als Heizungen noch nicht üblich waren. *Paphiopedilum insigne* ist dafür ein Beispiel, sie wächst auf Kalkfelsen in 2000 m Höhe in Nepal. Leicht wird sie mit einem kalten, aber frostfreien Raum fertig. Ganz anders *P. callosum* aus Thailand und Indochina. Halbschattig und warm muß hier der Standort gewählt werden. Die letztgenannte Art hat marmorierte, breitere und weichere Blätter, die erstgenannte schmale, harte hellgrüne. Verallgemeinernd läßt sich sagen, daß Frauenschuh-Arten mit einfachen, grünen Blättern kühler kultiviert werden, als solche mit weichen, marmorierten Blättern. Ausnahmen sind vor allen Dingen Züchtungen, und mehrblütige Arten wie *P. philippinense* bestätigen die Regel. Bei den Züchtungen sind mittlerweile sehr viele Kreuzungen durchgeführt; Arten wie *P. insigne* oder *P. spicerianum* vererben manchmal ihr Laub noch in der 4. und 5. Generation. So vertragen großblumige Züchtungen mehr Wärme, ihre Zimmereignung ist deutlich besser. Frauenschuh haben kein Speichergewebe, trotzdem muß bei Arten des kühleren Bereichs eine Ruhezeit

eingehalten werden. Für *P. insigne*, für die var. *sanderiana*, eine gelblich-grüne Form der *P. insigne* und die ähnliche Art *P. exul* soll die Ruhezeit im späten Frühjahr liegen, d. h. weniger Wasser und niedrigere Temperaturen über mehrere Wochen. Bekannt sind in der Gattung ca. 70 Arten, vor 20 Jahren wurden noch neue in China entdeckt. Ihre Nachkommen tauchen jetzt als besonders schöne Kreuzungen im Handel auf.

Weitere Arten sind *P. bellatulum*, mit weißer Grundfarbe, wie auch *P. niveum* und *P. concolor*. Alle drei sind selten im Handel, da sie sich nicht leicht kultivieren lassen. Häufig sind Primärhybriden mit diesen Arten. Dabei werden zwei reine Arten einer Gattung gekreuzt.

Ein Beispiel ist die Kreuzung aus *P. bellatulum* und *P. niveum*, das Ergebnis ist *P. psyche*. Vielfach kann man noch die Eltern erkennen. Jedoch wachsen gerade solche Kreuzungen im Gegensatz zu den beteiligten Eltern problemlos auch im Zimmer. Trotzdem zeigen sie den Charme der Wildorchidee. Die Haltbarkeit der Blüten ist bei allen *Paphiopedilum* enorm, sie dauert meist mehrere Wo-

Eine der schönsten, aber auch heikelsten *Paphiopedilum*-Arten ist *P. philippinense*. Sie kommt nur auf einer Insel der Philippinen vor.

P. sukhakulii wurde erst 1964 durch Zufall in Deutschland zwischen Importpflanzen aus Thailand entdeckt.

jährlich, muß umgetopft werden. Dabei nur Pflanzen teilen, die von selbst auseinanderfallen. *Paphiopedlium* vertragen kein Reißen oder Beschädigen am Wurzelhals. Große Pflanzen bringen im Verhältnis ohnehin mehr Blüten. Alle Frauenschuh-Arten sind anfällig gegen Spinnmilben, besonders bei marmorierten Blättern werden sie oft erst spät entdeckt; laufende Kontrollen sind notwendig. Einige Arten benötigen Kalk, dazu gehören die weißen Arten, aber auch *P. philippinense.* Hier muß man sich der Spezialliteratur bedienen. Grundsätzlich aber sollen alle *Paphiopedilum* mit halbjährlichen Gaben – etwa ein Teelöffel Kohlensaurer Kalk pro 10 cm Topf – versorgt werden. Beim Gießen wird der Kalk eingespült und von der Pflanze langfristig genutzt.

Eine ältere *Paphiopedilum*-Hybride mit »offener« Blüte, im Gegensatz zu den fast kreisrunden Blüten der modernen Züchtungen.

chen. Die mehrblütigen Arten, dazu zählen *P. philppinense, P. rothschildianum* und *P. stonei* werden fast nur als Hybriden angeboten. Sie entwickeln drei und mehr Blüten an einem Stiel. Wer das einmal erlebt hat, wird solche Arten, bzw. ihre Kreuzungen bevorzugen. Allerdings muß man wissen: Soviele Blüten erfordern von den Pflanzen viel Kraft. Regelmäßig blühen nur ausgewachsene, gut ernährte Exemplare. Eine Art, die im Blatt der *P. callosum* sehr ähnlich

wirkt, und auch in deren Heimat wächst, ist *P. sukhakulii.* Noch vor wenigen Jahre wurden nur von diesen beiden Arten jährlich Tausende nach Amerika und Europa importiert. Eingetopft, die erste Blüte möglichst schon als Knospenanlage mitgebracht, wurden sie zu Wegwerfblumen. Heute sind zum Glück Nachzuchten verfügbar, beide sind herrliche Zimmerpflanzen.
Pflege: Das Substrat für *Paphiopedilum* darf etwas feiner sein. Alle zwei Jahre, besser

Cattleya

Sie gehören zu den Gattungen mit den auffälligsten Orchideenblüten, einige Arten bringen es immerhin zu einem Blütendurchmesser von 18 cm, so die *Cattleya labiata*. Sie trägt davon bis 5 an einem Stiel. Daneben kommen kleinblütigere Arten vor, wie *C. aclandiae*, die es aber immerhin auch noch auf ca. 8 cm Durchmesser bringt. Im Gegensatz zu *C. labiata* mit der typischen *Cattleya*-Farbe, die sogar als Farbbezeichnung Eingang in die Mode fand, ist *C. aclandiae* gelblich grün, mit braun-roten Flecken. Alle der ca. 35 *Cattleya*-Arten wachsen epiphytisch. Die Bulben sind mehr oder weniger länglich verdickt und tragen dann ein oder zwei Blätter. Der untere Teil der Bulben ist mit einer Bastschicht geschützt. Gerade hier halten sich gerne Woll- und Schildläuse auf.

Nicht nur in der Blüte, auch im Habitus unterscheiden sich die Arten erheblich, bringt es doch die *C. guttata* immerhin auf eine Bulbengröße von ca 80 cm, während die kleine *C. luteola* nur 15 cm lange Bulben hat. *C. guttata* hat gelblich- bis giftiggrüne Blüten mit dunkelpurpurnen Flecken. *C. luteola* hat gelb-grüne Blüten mit 5 cm Durchmesser und eine rot getüpfelte Lippe. Beide sind eher selten und nur in Spezialsammlungen zu finden. Die typischen *Cattleya*, mit großen, mehr oder weniger rosa-lila Blüten und einer purpurgeaderten, meist

gelben Lippe, sind neben der *C. labiata* (blüht im Herbst), *C. mossiae* (blüht im Frühjahr), *C. maxima* (blüht im Herbst), *C. trianaei* (blüht im Winter) und *C. percivalliana* (blüht im Herbst) auch die in der Zucht am häufigsten eingekreuzten Arten. Von den eher kleineren, aber immerhin auch noch mit ca. 7 cm im Durchmesser großen Blüten, sind *C. bowringiana* und *C. skinneri* zu nennen. Beide sind nicht nur einfach zu pflegen und blühfreudig, sondern durch die mit bis zu 30 Blüten großen Blütenstände besonders attraktiv. *C. skinneri* zählt zu den seltensten Orchideen, Nachzuchten aus Gewebekulturen, gerade von extra großblumigen Varietäten, sind jedoch im Handel. Durch die enge Verwandtschaft zu den Gattungen *Laelia*,

Sophronites, Brassavola und *Epidendrum*, sind viele Züchtungen entstanden mit verbesserten Farben und höherer Temperaturtoleranz, besserer Wuchseigenschaften und Haltbarkeit. Heute werden nicht nur typisch lila-farbene, sondern rote, gelbe, grüne und mehrfarbige *Cattleya* angeboten. War die Haltbarkeit der *Cattleya* früher gering, so gibt es heute mehrheitlich Sorten mit einer Blütezeit von mehreren Wochen. Die Haltbarkeit einer Blüte ist abhängig von der Bestäubungsart. Werden viele potentielle Bestäuber erwartet und sind die Lockmittel wie Duft, Farbe und Größe entsprechend reizvoll, braucht die Haltbarkeit nur kurz zu sein. Anders bei kleinen, unscheinbaren Blüten, sie müssen lange aushalten können. Durch die Züchtung ist

total. Nach Herkunft wachsen die meisten Arten und Hybriden im temperierten Bereich, mit der Ruhezeit bei 12 °C als niedrigstem Wert. *Cattleya* müssen eher trocken als feucht gehalten werden, dabei benötigen sie, im Vergleich zu anderen Orchideen, trotzdem mehr Nährstoffe. Holzkörbchen und Ampeltöpfe sind als Gefäß gut geeignet, auch aufgebunden auf Epiphytenstämme sind *Cattleya*, weil eigentlich genügsam, zu verwenden. Das Substrat strukturstabil wählen und nur alle drei Jahre umsetzen.

Bei großblumigen Sorten mit weichen Blüten auf Schnecken achten. Die manchmal klebrigen Knospen scheiden vor dem Öffnen eine zuckerhaltige Lösung ab. Sie soll Ameisen anlocken, die wiederum die Knospen vor anderen Insekten schützen. In der Kultur sind sie natürlich nicht erwünscht, sind die Zuckermahlzeiten nämlich vorbei, tragen die Ameisen Läuse zu den Pflanzen. Bei den Mehrgattungshybriden gibt es mittlerweile Sorten, die ganzjährig warm stehen wollen und mehrfach blühen.

Cattleya-Hybride in der typischen *Cattleya*-Farbe. Wirkungsvoll ist der farblich abgesetzte Lippenschlund (oben). *Cattleya aclandiae*, eine seltene, besonders interessante kleine Art aus Brasilien. Sie ist vor allem aufgebunden zu kultivieren (rechts).

aber nicht nur die Haltbarkeit, sondern auch die Kultur verändert.

Pflege: Bei den meisten Sorten ist die Ruhezeit genauso wichtig, wie ein heller, nach Gewöhnung, sogar sonniger Standort. Wird die Ruhe nicht eingehalten, treiben *Cattleya* immer wieder neue Bulben. Die Bulben werden jedoch kleiner als ihre Vorgänger, sie reifen nicht und bringen keine Blüten. Irgendwann verausgabt sich die Pflanze dabei

Cymbidium
Kahnlippe

Der Name bezieht sich auf die »bootförmige« Lippenform der epiphytischen, seltener terrestrisch wachsenden Gattung. Die meist großen, haltbaren und zahlreichen Blüten, haben sie zur wichtigsten Schnittblume der Orchideen werden lassen. Da die Pflanzen jedoch recht groß werden, sollte man glauben, daß sie als Zimmerpflanzen weniger gefragt sind. Doch weil sie als preiswerte Topfpflanzen angeboten werden, werden sie auch gekauft. Häufig sind diese Topfpflanzen Schnittblumensorten, die ausgewechselt werden sollen, weil der Markt zum Beispiel andere Farben verlangt. Zur Schnittblumenproduktion wurden die Pflanzen in riesigen

Gefäßen (Maurerkübel) oder ausgepflanzt kultiviert, jetzt werden sie geteilt und als »kleine« Topfpflanzen angeboten. Die Kraft zur Blüte kommt noch aus der großen Pflanze, die Proportion wirkt gefällig. Da Schnittblumen in der Muttertagszeit besonders gefragt sind, werden auch »Muttertagsblühende« Topfcymbidien verkauft. Zum Ärger der Käufer ist jedoch die erste meist auch die einzige Blüte. Eigentlich schade, denn bei richtiger Pflege können sie durchaus wieder blühen. Übrigens gibt es auch kleine *Cymbidium*, die Miniaturformen, wobei sich die Bezeichung entweder auf die Blüte bei ansonsten großen Pflanzen oder auf den Habitus allgemein beziehen kann. Für die großblumigen Sorten sind von den ca. 50 Arten der Gattung u.a. nachfolgende als Vorfahren anzusehen: *C. giganteum* ist gelblichgrün mit roten Streifen und kommt bis in Höhen

von 1800 m im Westchinesischen Himalaja vor. *C. grandiflorum*, wächst in Nepal und Tibet in 2000 m Höhe und hat apfelgrüne Blüten mit weißer Lippe.
Sehr ähnlich ist *C. lowianum*, desweiteren *C. tracyanum* aus Burma. Diese Art duftet betörend, dafür ist ihre Haltbarkeit geringer.
Pflege: Aus der Herkunft kann man einiges über die Pflege ableiten. *Cymbidium* sind keine ausgesprochenen Warmhauspflanzen, also keine Zimmerpflanzen. Zur Blühinduktion benötigen sie hohe Tages- und niedrige Nachttemperaturen. Man unterscheidet früh-, mittel- und spätblühende Sorten, entsprechend unterschiedlich ist die Induktionszeit. Eine Sorte, die Muttertag, also Anfang Mai blüht, induziert im Oktober. Im Zimmer lassen sich jedoch keine hohen Tages- und niedrige Nachttemperaturen, also keine Induktion, erreichen. Aus Blütenpflanzen werden so Grünpflanzen. Anders die frühblühenden Sorten, sie induzieren schon im August. Zu dieser Jahreszeit

Cymbidium tracyanum ist leider selten als reine Art zu erhalten. Ihr Duft ist betörend.

Dekorativ lassen sie sich in Ampeltöpfen kultivieren. Das Substrat kann feiner gewählt werden als bei den großblütigen Sorten. Alle *Cymbidium* benötigen in der Wachstumszeit ausreichend Nährstoffe, dabei dürfen sie niemals trocken werden. Die Ruhezeit ist nur kurz, die Temperatur wird nur unwesentlich abgesenkt, die Minis wachsen manchmal sogar ohne Unterbrechung. Bilden sich letztlich die Knospen, ist eine Veränderung des Standortes nicht günstig, erst die erblühte Pflanze kann unbedenklich wechseln. Es ist also auch nicht richtig, knospige Pflanzen zu erwerben, sie sollten mindestens angeblüht sein.

Cymbidium werden schnell Opfer der Spinnmilben, im Zimmer und Wintergarten schafft der Einsatz von Nützlingen Abhilfe.

Cymbidium lowianum ist nicht nur als Schnittblume interessant. Die vielblütige Art ist leicht im Wintergarten zu pflegen.

kann man die Pflanzen im Freien halten, dort sind die Bedingungen optimal. Der Sommeraufenthalt im Garten, der für alle *Cymbidium* empfohlen wird, kann also nur für frühblühende die Induktion bringen. Dafür sind *Cymbidium* aber ideale Pflanzen für Wintergärten. Wenn Citrus, Camelie, Clivie und *Bougainvillea* ruhen, sind sie die Herbst-, Winter- und Frühjahrsblüher. Aber es gibt auch kleinbleibende *Cymbidium*, die sich besser für die wärmere Pflege eignen. Das sind Nachkommen der *C. floribundum* syn. *C. pumilum*. Sie entwickeln viele kleine Blüten an einer manchmal aufrechten, meist hängenden Rispe. Es gibt rote, gelbe, weiße und grüne Sorten.

Cymbidium-Miniatur-Hybriden wie diese lassen sich auch eindrucksvoll im Ampeltopf präsentieren.

Odontoglossum
Zahnzunge

Der griechische Namen weist auf die zahnförmigen Erhebungen, die sich bei dieser Gattung häufig auf der Lippe finden lassen. Es sollen fast 100 Arten sein, die zu dieser Gattung zählen, jedoch werden laufend Änderungen vorgenommen. *Rossioglossum* ist so ein Beispiel, aber auch die Gattung *Lemboglossum* mit den Arten *L. cervantesii* und *L. rossii* aus Mexiko, die früher in der Literatur immer als *Odontoglossum* zu den Beispielen der Zwergorchideen zählten. Heute sind sie leider selten geworden, Nachzuchten aus Mexiko kommen jetzt aber wieder zu uns.

Andere Arten werden zu der verwandten Gattung *Oncidium* gerechnet. Diese »unklaren« Verhältnisse zeigen, daß auch hier eine Gattung vorliegt, die sich leicht kreuzen läßt. Die erste Art, die in Europa 1836 zur Blüte kam, war *Odontoglossum bictoniense*. Sie wächst in feuchten Bergwäldern in Höhen von 1500-3000 m in Mexiko, Guatemala und El Salvador. Die Blütenstände können leicht bis zu einem Meter hoch werden. 4 cm groß werden die Einzelblüten; sie sind farblich variabel, rosa bis lila, die Lippe ist heller. Sie blüht lange und kommt sicher im nicht zu warmen Kulturbereich zur Blüte. Wenn es so etwas wie eine Anfängerorchidee gibt: Hier ist sie!

Den wichtigsten Vertreter der Gattung findet man in der Art *O. crispum*, dem »Stern von Kolumbien«. Für keine andere Orchidee wurde mehr Geld bezahlt, wurden extra Sammelexpeditionen ausgerüstet, wurden Legenden gesponnen. Der attraktive, mehr hängende Blütenstand bis 60 cm lang, mit weißen, ca. 7 cm breiten Einzelblüten, kann 30 und mehr Blüten entwickeln. Manchmal tragen sie dunkle, große Tupfen, manchmal kleine Flecken, das Weiß ist rosa überhaucht oder gelblich. Diese Variationsvielfalt brachte immer neue Namen und Varietäten hervor; viele davon ließen die Orchideenkenner in damaliger Zeit vor Ehrfurcht erschaudern. Eine Sammelleidenschaft setzte ein, die für uns nicht vorstellbar ist. Heute sind sie fast alle verschwunden, lediglich Bilder der englischen Royal Horticultural Society lassen uns die Vielfalt erahnen. England war das *Odontoglossum*-Land. Bis heute werden ja die Kreuzungen aller Orchideen in England registriert, manche werden einem Gremium vorgestellt und bewertet. Diese Varietäten tragen dann eine Auszeichnung als Zusatz zu ihrem Namen. Sie sind sozusagen adelig geworden. Die Abkürzung für die Royal Horticultural Society ist R.H.S. Das

Odontoglossum epidendroides wurde als erste Art dieser umfangreichen Gattung beschrieben.

höchste Prädikat ein First Class Certification wird FCC abgekürzt. So »geadelte« Orchideen tragen dann Bezeichnungen wie *O. crispum* var. *Pacho* FCC / R.H.S. Es gibt dann noch weitere Auszeichnungen. Andere Orchideengesellschaften wollten es den Engländern gleich tun, so werden auch in den USA, Japan und seit einiger Zeit auch in Deutschland solche Auszeichnungen vergeben. Mit *O. crispum* kam es dann auch zu einem Anstieg der Züchtungen bei Orchideen, die Vielfalt sollte noch mehr verbessert werden. Am erfolgreichsten waren Kreuzungen mit einer nahen Gattung *Cochlioda* die nur fünf Arten hat; für Kreuzungen war die

C. noezliana wichtig. Es entstand die neue Gattung *Odontioda*.

Andere berühmte Mitglieder der Gattung, wie *O. grande, O. williamsianum* und *O. insleayi* wurden zwischenzeitlich in die Gattung *Rossioglossum* ausgelagert, sicher sind sie aber noch mehr unter der alten Bezeichnung bekannt. Am wichtigsten ist *Rossioglossum grande* mit großen, fast 10 cm breiten, gelben, mit quer geordneten rotbraunen Flecken versehenen Einzelblüten. Sie gehörte zu den ersten populären Zimmerorchideen.

Pflege: Herkunftsland ist Guatemala; sie muß kalt kultiviert

Für *Odontoglossum crispum* wurde einst der höchste Preis für eine Orchidee erzielt – mehr, als heute ein Luxusauto kosten würde!

werden und blüht im Herbst. Sie ist die einzige Orchidee, die vor dem Austrieb umgesetzt wird. Schon bald nach der Blüte, ohne das man es merkt, beginnt das Wachstum mit neuen Wurzeln. Wenn sich dann der Trieb zeigt, soll die Pflanze schon wieder eingewurzelt sein. Alle bekannten *Odontoglossum*-Arten wachsen eher kühl als temperiert, anders verhalten sich erst ihre Nachkommen.

Oncidium
Schwielenorchidee

Die Gattung *Oncidium* ist mit der Gattung *Odontoglossum* nahe verwandt, vor allen Dingen aber ist sie umfangreich, zählen doch über 500 große und kleine, meist als Epiphyten wachsende Arten dazu. Die Verbreitung umfaßt Mittel- und Südamerika. Einige wachsen in warmen und feuchten Gegenden, andere leben an der Grenze des ewigen Schnees. Es gibt Arten mit und ohne Bulben, weiche, und ledrige Blätter. Anpassung ist nun einmal das wichtigste im Orchideenleben. Die Blüten sind ebenfalls vielfältig, hauptsächlich aber als Rispe mit vielen, manchmal Hunderten von Ein-

zelblüten, Hauptfarbe Gelb mit braunen, grünlichen Punkten, Streifen oder Flecken. Die Ähnlichkeit mit einem Insektenschwarm ist augenfällig. So hat man beobachtet, das manche Arten kurz vor der Zeit blühen, bevor Insektenschwärme unterwegs sind. Die Ähnlichkeit führt dazu, das männliche Insekten sich auf die Blüten stürzen und dabei den Pollen verbreiten. *O. papilio*, nahe verwandt mit *O. kramerianum* hat sich sogar das Aussehen eines Falters zugelegt. Mit langen Fühlern schwebt er, weit entfernt von der Pflanze durch den Raum. An der Spitze der Rispe bilden sich laufend neue Blüten. Das Verbreitungsgebiet ist groß – von Trinidad über Venezuela, Kolum-

Oncidium-Hybriden zeichnen sich durch die Vielzahl ihrer Blüten aus. Sie wirken wie ein Schwarm Insekten.

bien, Ecuador bis nach Peru, lebt diese Pflanze in den tieferen Bergwälder mit hohen Temperaturen. Die Art sollte im warmen Bereich gehalten werden. *O. concolor* aus Brasilien, hat nur 3 cm große Einzelblüten, dafür aber manchmal 30 an einer Rispe. Nicht zu feucht gehalten verträgt sie auch trockenere Zimmerluft. *O. altissimum* von den Antillen wird groß, Bulben und Blätter messen zusammen bis 40 cm. Die Rispen mit 3 m

Länge haben drei oder vier Verzweigungen mit vielen gelben Einzelblüten. Unverwüstlich wächst und blüht sie bei niedrigen und höheren Temperaturen. Sollten die Rispen im Zimmer zu lang werden, kann man sie einfach in der gewünschten Länge ausbrechen. Genau dort verzweigt sich nach einiger Zeit dann die Rispe und bildet Blüten. Manchmal läßt sich *O. altissimum*, aber auch bei *O. varicosum* und *O. oblongatum* kann das passieren, viel Zeit bei der Knospenbildung; die Rispe kommt zum Stillstand, entwickelt sich einfach nicht weiter. Manchmal wachsen die Knospen erst nach Monaten plötzlich weiter und blühen. Die Rispe einkürzen kann man auch bei *O. leucochillum*, die in trocknen und feuchten Wäldern in Mexiko, Honduras und Guatemala wächst. Ihre Blüten sind nicht gelb, sondern weißlichgrün mit rotbraunen Flecken und weißer Lippe. Mit jedem Zimmer nimmt sie vorlieb, auch die Lichtansprüche sind gering. Ihre Blüte hält sich monatelang. Zu nennen wäre auch die Vogelkopforchidee *O. ornithorhynchum*, ihre kleinen Blüten, zahlreich an einer Rispe, verströmen einen intensiven Duft. Der Blütenstiel ist leicht gebogen und trägt lila-rosa Blüten, die Lippe besitzt eine gelbe Schwiele. Herkunft: Mexiko bis Guatemala. Sie braucht nicht viel Wärme, ist aber anpassungsfähig. Nur in der Ruhezeit muß man sie kühl und trocken halten. *O. tigrinum*, die getigerte

Schwielenorchidee kommt aus Mexiko, die Blüten können bis 6 cm breit werden, sie stehen zu mehreren an einer verzweigten, bis 1 m hohen Rispe. Eigentlich sind die Blüten gelb-braun getigert, wie es der Name Tigerorchideen ja auch sagt. Doch es gibt Varietäten, die nur gelbbraun sind. Mit ihnen wurden neue Sorten gezüchtet. Diese Art spielt auch eine Rolle bei der Kreuzung mit *Odontoglossum*, die neue Gattung heißt *Odontocidium*.

Pflege: Während man die reine Art kalt hält (sie blüht im Herbst und Winter), lassen sich die Nachzuchten, auch wenn sie mit ebenfalls aus kühlerer Kultur stammenden Exemplaren gekreuzt werden, wärmer halten.
Andere *Oncidium* entwickeln dicke, sukkulente Blätter, Bulb und Blatt sind fast verwachsen, *O. bicallosum* aus Mexiko, El Salvador und Guatemala gehört zu dieser Gruppe. Ein heller Platz und eine intensive Ruhephase sind Voraussetzung für die Blüte.

Oncidium papilio – selten hat man einen treffenderen Namen finden können als den für die Schmetterlingsorchidee.

Miltonia
Stiefmütterchenorchidee

Wenn manche Arten auch immer wieder anders zugeordnet werden, die Zuchtformen aus früher Zeit behalten ihre alten Namen.
Das ist gerade bei dieser Gattung wichtig, denn wenn man in der Ahnentafel, der Sanders List of Orchid Hybrids, der heutigen

Miltonia 'Celle' var. Feuerwerk. Leicht erkennt man, warum diese Orchideen Stiefmütterchen-Orchideen heißen. Diese Sorte wurde in Celle gezüchtet und als eine der ersten Orchideen nach dem Krieg in England registriert.

modernen Züchtungen blättert, sind meist *Miltoniopsis* und *Miltonia* beteiligt. (In dieser Liste werden ja seit der ersten Züchtung alle Kreuzungen registriert. Jeder Züchter meldet seine Kreuzung in England an.)
Erst die Mischung der brasilianischen, wüchsigen, mit den relativ heiklen aus der Nebelwaldregion stammenden Arten, hat die robusten Zimmerpflanzen hervorgebracht.
Miltonia clowesii, M. cuneata, M. spectabilis und *M. flavescens* stammen aus Brasilien, gemeinsam ist ihnen ihre robuste Konstitution und ihre Wuchskraft. Beherrschend bei den modernen Sorten sind die klaren, kräftigen Farben. Gelb, Rosa und

Weiß wirken im Zimmer besonders eindrucksvoll. Bei den Miltonia nennt man die Blütenzeichnung auch Maske. Die wohl berühmteste deutsche Züchtung war *Miltonia* 'Celle' var. Wasserfall, bzw. die var. Feuerwerk. Neben Hamburg, Hannover und Baden-Baden sind sie zu Eltern von Kreuzungen in aller Welt geworden.

Pflege: Die Miltonien, die als Zimmerpflanzen angeboten werden, sind unproblematisch, vertragen Wärme und erfreuen durch extrem lange Blütezeiten. Die Kultur ist einfach, da sie fast immer wachsen, benötigen sie kaum eine Ruhezeit. Empfindlich sind ihre dünnen Wurzeln aber

Miltonia clowesii (links) wächst ebenso in Brasilien wie *Miltonia flavescens* (rechts). Beide sind leicht zu pflegen und wachsen schnell zu beachtlicher Größe heran.

gegen zuviel und zuwenig Feuchtigkeit. Sie wollen gleichmäßig versorgt sein. Geschieht dies nicht, stockt das Wachstum. Wird es später fortgesetzt, entstehen sogenannte »Ziehharmonika Störungen« Passiert das schon beim zarten Neutrieb, kann es sogar zum Absterben des Triebes kommen.

Sensibel reagieren sie auch bei zuviel Licht, erst verfärbt sich das eher helle Grün der Blätter in eine mehr oder weniger, je nach Sorte, rötliche Farbe, schließlich kommt es zu irreparablen Verbrennungen.

Miltonien können, bzw. müssen normal gedüngt werden, sie wachsen rasch und blühen reichlich, das erfordert schließlich Kraft. Vermeiden sollte man aber, daß die Düngerlösung

direkt mit den Wurzeln in Berührung kommt. Die Wurzeln vertragen keine Salze. Zeigen sich also Wurzeln schon an der Topfoberfläche, deckt man sie mit einer neuen Substratlage, mit Moos oder Kokosfasern ab. Der Dünger gelangt nun nicht direkt auf die Wurzeln.

Miltonia blühen sehr lange, je nach Lichteinwirkung verstärkt sich die Größe und Farbe der Blüten. Bei guter Kultur können sie alle acht Monate eine Blüte entwickeln, die Winterblüte fällt dann natürlich bescheidener aus.

Nach der Blüte schneidet man den Blütenstiel ab – nicht rupfen oder reißen! Solange er noch grün ist, ist er fest mit der Bulbe verbunden.

Fäulnis kann bei zuviel Gießwas-

ser und den weichen Blättern ein Problem werden.

Zwischen den eng sitzenden Bulben und unter den Bast an der Bulbenbasis nisten oft Schildläuse. Da *Miltonia* Mittel auf Mineral- oder Rapsölbasis schlecht vertragen, ist der Einsatz von Schmierseife oder von Nützlingen anzuraten.

Gleiches gilt für Spinnmilben (Rote Spinne), die ebenfalls die weichen Blätter gerne heimsuchen; sie lassen sich im Zimmer oder Gewächshaus mit Raubmilben bekämpfen.

Laelia

Laelia ist von Mexiko südwärts bis Peru und Brasilien verbreitet. Entsprechend unterschiedlich sind auch ihre Ansprüche in der Pflege. Bekannt sind ca. 60 Arten, manche als Epiphythen, andere terrestrisch und ein Teil lithophytisch wachsend. Lithophyten sind eigentlich auch nichts anderes als Aufsitzer, nur besteht die Unterlage nicht aus einem Baum, sondern aus Geröll oder Gestein. Solche Bedingungen in der Kultur nachzuahmen, ist nicht einfach. Das Gestein speichert zwar Wärme, Feuchtigkeit kann dagegen kaum gehalten werden. Aus dem Gestein werden Mineralien zugeführt; solche Pflanzen leiden bei uns häufig an Spurennährstoffmangel. Ob der Name *Laelia* sich nun auf einen römischen Offizier und Konsul aus dem dritten

Die gelbe Farbe der *Laelia harpophylla* findet sich in vielen modernen *Laeliocattleya*-Hybriden wieder.

Laelia pumila ist zwar nicht die kleinste, aber sicher die Zwerglaelia mit der größten Blüte.

punischen Krieg oder einfach nur auf einen römischen Frauenname bezieht, weiß man nicht. Sehr robust ist die Felsenlaelia, *Laelia milleri* mit ihren kleinen orange-roten Blüten, die etwa 5 cm breit sind, oder *L. liliputiana* mit nur 1 cm hohen Bulben und 2 cm hohen Blättchen. Die

rosa Blüte ist immerhin 3 cm breit. Beide Arten stammen aus Brasilien. Eine Schönheit ist auch *L. purpurata*, die Nationalblume Brasiliens. Blüten bis 15 cm breit, zartrosa bis weißlich, die Lippe ist an der Basis tiefviolett und zur Spitze hin purpurn geadert. Von dieser Art, die an einem Blütenstand bis zu 6 Blüten entwickelt, gibt es zahlreiche Varietäten: weiß mit orangefarbener Lippe, rosa mit roter Lippe u.a..
Im Heimatland werden in manchen Sammlungen nur *L. purpurata*-Varietäten kultiviert und in jährlich stattfindenen Ausstellungen verglichen und bewertet: Wer hat die schönste *Laelia*?

Pflege: Die Pflege unterscheidet sich nicht von *Cattleya*, die schlanken, länglichen Bulben

Laelia autumnalis, die Allerheiligenblume der Mexikaner. Wie sie gepflegt wird, hatte schon der Orchideensammler Roezl beschrieben.

nem Lippenschlund. Sie ist im Ganzen nur ca. 15 cm groß, stammt ebenfalls aus Brasilien – ein Riese unter den Zwergen! Ihre Pflege ist etwas schwieriger als bei *Cattleya*, weil sie, ob aufgebunden oder im Gefäß, immer höhere Luftfeuchtigkeit benötigt. In der Wachstumszeit will sie dazu auch reichlich Wasser im Substrat und Nährstoffe! Die Ruhezeit ist wiederum streng zu beachten. Das kann man übrigens von vielen *Laelien* sagen. Eine Ausnahme ist *L. purpurata*, sie liebt extreme Bedingungen, hohe Tagestemperatur, viel Licht, niedrige Nachttemperturen, während der Wachstumszeit viel Feuchtigkeit, danach extreme Trockenheit. Zu nennen sind zwei weitere Brasilianerinnen; *L. cinnabarina* und *L. harpophylla*, beide wachsen temperiert und blühen im Winter. Ihre Nachkommen zeichnen sich durch klare Farben und lange Haltbarkeit aus. Beteiligt in der Zucht waren auch kleinere Arten der Felsenlaelia.

Aus Mexiko stammen die Arten *L. anceps*, *L. autumnalis* und *L. gouldiana*. Sie besitzen elegante Blüten an langen Blütenständen in Lila-rosé, die Lippe ist immer dunkler. Die Kultur darf nicht zu warm sein, *L. gouldiana* verträgt etwas mehr Wärme. *L. autumnalis* wird von den Mexikanern »Flor de todos los Santos« genannt – die Allerheiligenblume, die auch als Schmuck der Heiligen genutzt wurde. Heute sind sie überall selten geworden, man versucht Nachzuchten anzusiedeln.

erlauben auch im Zimmer die Kultur großer Exemplare. Natürlich wurde mit dieser inzwischen schon vielfach gezüchtet, vor allen Dingen mit *Cattleya*, Ergebnis war die neue Gattung *Laeliocattleya*.

Ein anderer Vertreter der Gattung ist die kleine *L. pumila*, die Zwerg-*Laelia*, mit 11 cm breiten, lila-rosa Blüten mit purpurfarbe-

Orchideen mit vielen Vorfahren

Bei den Orchideen, die jetzt als Topf- und Zimmerpflanzen angeboten werden, handelt es sich überwiegend um Züchtungen. Meist sind es Zwei- oder Mehrgattungshybriden. Leider sind die Namen im Gartencenter oder Blumengeschäft an den Pflanzen häufig unvollständig oder gar nicht vorhanden. Auch Pflegehinweise helfen nicht weiter, nennen sie doch meist nur die Gattung.

Sicher, bei *Phalaenopsis*, der Falterorchidee muß man nicht unbedingt die Züchtung wissen,

um etwas über die Pflege zu erfahren. Anders ist es beim Frauenschuh, wo man über den richtigen Namen viel erfahren kann.

Eher verwirrend sind Namen wie »Cambria« auf einem bunten Etikett mit weißen, gelben oder roten Blüten.

Richtig ist, im Handel sind nur drei Varietäten der Cambria, und zwar *Vuylstekeara* 'Cambria' var. *Plush* FCC/R.H.S., eine Varietät der 1931 gezüchteten Sorte, die mit höchsten Auszeichnungen bedacht in wenigen Teilpflanzen

die Jahrzehnte überlebt hat. Ein Exemplar befindet sich übrigens in der Sammlung des englischen Hofes.

Durch die Entdeckung Gewebevermehrung konnte diese einst seltene Sorte nun ihren Weg als Massensorte antreten. In der Vermehrung kam es zu Mutationen, so entstand die *Vuylstekeara* 'Cambria' var. *Lensings Favorit*. Sie war nicht mehr reinrot, sondern die Blüte war lilarot überhaucht und hatte eine weiße Zeichnung. Auch von dieser Varietät wurden Tausende vermehrt. Letztlich dann trat eine Mutante auf, die fast orange gefärbt war. Leider ist die Varietät nicht so wuchsfreudig. Alle anderen, als 'Cambria' angebotenen Pflanzen sind anderer

Phalaenopsis, **links die große rosa Blüte und die Blüte von** *Doritis pulcherrima*. **Die Kreuzung ergibt die neue Gattung** *Doritaenopsis* **(rechts).**

Herkunft, ja sogar aus anderen Gattungen.

Durchsetzen können sich letztlich nur Pflanzen, die sich im Zimmer wie Usambaraveilchen, Anthurie oder Gummibaum pflegen lassen.

Da blieben dann nur etwa zwei Dutzend über. Wer sich aber mit Orchideen beschäftigt, der wird schnell merken, daß mit geringen Hilfsmitteln und unter Beachtung der richtigen Temperatur, die Auswahl an Zimmerorchideen riesig wird.

Dabei spielen die Zwei- und Mehrgattungshybriden eine wichtige Rolle. Sie können auf ein großes Anpassungspotential zurückgreifen.

Nachfolgenden Orchideen begegnet man im Blumengeschäft oder Gartencenter häufiger. Dabei werden die im Spezialteil genannten Gattungen nicht noch einmal aufgeführt.

Ascocentrum und *Ascocenda (Ascocentrum × Vanda)*

Die bekannteste Sorte ist *Ascocenda* 'Meda Arnold' mit bläulich-violetten bis roten Varietäten. Rote Sorten sind reine *Ascocentrum*-Arten. Häufig werden Importpflanzen aus Fernost im Holzkörbchen angeboten. Da diese Züchtungen bei uns nur sehr langsam wachsen, zumindest bis zur ersten Blüte, werden sie überwiegend in Fernost angebaut. Frische Importe haben kein Substrat, sondern meist nur wenige Kokosfasern im Korb. Die Wurzeln strecken sie frei in die Luft. Im Zimmer lassen sie sich nur pflegen, wenn man hohe Luftfeuchtigkeit bie-

ten kann. Tägliches, im Sommer mehrmaliges Übersprühen ist notwendig. Viel Licht ist erforderlich zur Blütenbildung. Über die Wurzeln und Blätter können durch Übersprühen auch Nährstoffe aufgenommen werden. Verpflanzen ist nur notwendig, wenn das Holzkörbchen zersetzt ist.

Bei *Brassia*, selten auch *Miltassia (Miltonia × Brassia)*, handelt es sich meist um *Brassia* 'Rex', ein Abkömmling der Spinnenorchidee. *B. verrucosa* hat eindrucksvolle große – eben spinnenartige – Blüten. Die wüchsigen Pflanzen blühen nur, wenn man sie zeitweise in Ruhe läßt. Auch verlangen sie eine ausreichende Nährstoffversorgung.

Cattleya sind reine Gattungshybriden. Die Hauptfarbe ist lila, selten weiß.

Kreuzungen mit *Brassavola* ergeben *Brassocattleya*. Heute ist sie selten; angeboten werden aber noch alte Sorten. Auffällig ist der berauschend süßliche

Bei der Mehrgattungshybride *Sophrolaeliocattleya* ist von der kleinen *Sophronites* nur die Farbe geblieben.

Duft. Die Blüten sind groß und weich mit einer gefransten Lippe. Leider sind sie wenig haltbar. Hoher Lichtbedarf.

Laeliocattleya, ist wie Cattleya zu pflegen, bei Miniaturen auf mehr Licht achten. *Brassolaeliocattleya* sind von der »normalen« *Cattleya* nicht zu unterscheiden. Wenn irgendwann einmal vor Generationen *Brassavola* und *Laelia* vertreten waren, bleibt die Verbindung im Namen bestehen. Und weil fast alle modernen Sorten von solcher Herkunft sind, taucht der Name immer wieder auf. Pflege wie *Cattleya*.

Sophrocattleya ist die Verbindung aus *Sophronites × Cattleya*. Die kleinen, aber intensiv roten Blüten, der Verwandten

77

Dendrobium nobile ist die Stammform der kalt zu kultivierenden Züchtungen, die heute überwiegend aus Japan zu uns kommen.

Minis werden demnächst als Topfpflanzen auch bei uns angeboten, ihre Pflege ist im Zimmer in Ampeltöpfen möglich. *Dendrobium* (hier nur Kreuzungen in der Gattung): Zu unterscheiden sind *Dendrobium nobile*-Hybriden und *D. phalaenopsis*-Hybriden. Die ersten stammen von der Art *D. nobile* ab, die sehr weit verbreitet von Indien über China, Laos und Vietnam vorkommt. In der Ruhezeit wird das Laub des letztjährigen Triebes abgestoßen. Da sie sonst geringe Ansprüche an die Temperatur stellen, sind sie im Zimmer gut zu pflegen, in der Ruhezeit sollte man sie jedoch an einen kalten Platz bringen. Nur wenn das Laub abgestoßen wird, erscheinen die Blüten. Nach Zuchterfolgen in Deutschland Anfang der Fünfziger Jahre mit *Dendrobium* 'Anne-Marie' sind jetzt japanische Züchter führend. Das Farbspiel reicht von Weiß bis Lila, aber auch Gelb und Rosa, immer mit einer kontrastreichen Lippe, kommen vor. Ganz anders die Züchtungen der *D. phalaenopsis*-Hybriden. Der Name deutet schon an, daß die Blüte Ähnlichkeit mit den Falterorchideen hat. Die Pflanzen stammen aus Queensland, Neuguinea, von den Molukken und Timor. Die Bulben sind bis 60 cm

bringen die rote Farbe in die Sorten. Meist sind die Kreuzungen auch im Habitus kleiner. Kleinblütige Sorten vertragen niedrigere Temperturen und mehr Licht. Da sie laufend treiben, benötigen sie nur eine geringe Ruhezeit. *Sophrolaeliocattleya* bringt auch die *Laelia* dazu. Die Nachkommen sind wie *Cattleya* zu pflegen. Wie *Sophrocattleya* sind sie klein und triebfreudig, und immer von langer Haltbarkeit.

Bei *Potinara* kommen *Brassavola*, *Cattleya*, *Laelia* und *Sophronites* zusammen. Pflege jedoch wie *Cattleya*. Die großblumigen Kreuzungen sind nicht so haltbar wie die kleinblütigen Sorten. Daran sollte man beim Kauf denken. *Cymbidium* (Pflege siehe dort) werden als reine Gattungshybriden gehandelt. Nur in der Literatur werden Kreuzungen mit anderen Gattungen genannt, so mit *Phajus*. Australische echte lang, Blüten sitzen an 50 cm langen Blütenständen, sind meist purpurfarben, manchmal rosa. Bekannt sind diese Orchideen vor allen Dingen als Schnittblumen, die täglich aus Singapur und Bangkok eingeflogen werden. Die Haltbarkeit an der Pflanze ist noch bedeutend besser als die der Schnittblumen, und schon diese halten oft mehrere Wochen.

Durch Einkreuzung kleinerer Arten entstanden Topfpflanzen. Die Kultur im Zimmer ist unproblematisch, in der Ruhezeit werden die Pflanzen lediglich etwas trockener gehalten. Schwierigkeiten können, wie bei den Falterorchideen, durch Lichtmangel während der Knospenbildung auftreten.

Die Knospen werden erst gelb und fallen schließlich ganz ab. Eigentlich gibt es für dieses Problem keine Lösung. Kunstlicht hilft nicht, man muß einfach einen neuen Versuch in der nächsten Kulturperiode wagen. Pflanzen, die einmal mit der Blüte aussetzen, blühen dann noch kräftiger. Schwierig ist auch die Umstellung nach dem Erwerb, vorsichtshalber nur fast ganz erblühte Exemplare kaufen.

Doritaenopsis als Kreuzung zwischen *Phalaenopsis* und *Doritis* unterscheiden sich in der Pflege von *Phalaenopsis* nur geringfügig. Meist sind die Blätter ledrig,

sie vertragen mehr Licht und Trockenheit. Die Blütezeit kann noch länger als bei *Phalaenopsis* sein, allerdings bleibt ein zweiter Austrieb aus.

Miltonia (Pflege siehe dort) werden selten als kleinblumigere, aber doch interessante ältere

Sorten verkauft. Dazu zählen *Miltonia* 'Bluntii', (*M. clowesii X M. spectabilis*) und die reine Art *M. spectabilis*, sowie die Varietät Moreliana. Die Wuchskraft ist hervorragend, auch blühen sie unproblematisch, nur werden sie schnell zu groß.

Doritaenopsis, eine Gattungshybride mit den positiven Eigenschaften beider Eltern.

ZWEI- UND MEHRGATTUNGSHYBRIDEN

Aus den USA kommen *Miltonia*-Hybriden, die Verbesserungen dieser alten Sorten versprechen, teilweise Kreuzung mit *Oncidium*, sie heißen *Miltonidium*. Diese Pflanzen sind allerdings teuer, weil sie sehr langsam wachsen. Die Blütezeit erstreckt sich über mehrere Wochen. *Odontioda*, die Kreuzung aus *Odontoglossum* und *Cochlioda* wurde schon erwähnt. Sie sind nur in Orchideengärtnereien erhältlich. Die vielen Farben von Weiß bis Rot, Lila, Gelb oder Rose mit purpurnen Flecken oder Streifen, die runde oder sternförmige Form, alle sind interessant, allerdings ist die Kultur nur im kühlen, luftfeuchten Bereich möglich. *Odontocidium*, eine Hybride aus *Odontoglossum* und *Oncidium*

wächst leichter. Einigen kann man die *Oncidium*-Herkunft ansehen, *Odontocidium* 'Wintergold' oder 'Juno' sind dafür Beispiele. Sie haben kleine, überwiegend gelbe, braun gestreifte Blüten. Die, die mehr den *Odontoglossum*-Vorfahren gleichen, zeigen große Blüten und mögen es etwas kühler. Häufig angeboten ist *Odontocidium* 'Artur Elle'. *Odontonia* ist die Verbindung aus *Odontoglossum* und *Miltonia*. Bekanntester Vertreter ist *Odontonia* 'Moliere'. Sie ist weiß mit rot-bunten Flecken. Kultur wie Cambria. Eine Blüte ist alle 8 Monate durch rasche Triebfolge möglich.

Wilsonara vereinigt drei Gattungen, nämlich *Oncidium*, *Odontoglossum* und *Cochlioda*. Die Blüten gleichen *Odonti-*

oda, sie hat aber eine verbesserte Wuchskraft. Die Sorten sind meist gelb und braungelb. Ein wichtiger Elternteil ist *Oncidium tigrinum*. Im Handel ist vor allem *Wilsonara* 'Hambühren' erhältlich.

Kommt zu den letztgenannten eine vierte Gattung hinzu, nämlich *Miltonia* entsteht die neue Gattung *Burrageara*. Die Blüten haben wieder Ähnlichkeit mit *Vuylstekeara*. Im Handel sind rote und gelborange Sorten. Sie sind blühwillig und leicht im Zimmer zu pflegen.

Paphiopedilum der Frauenschuh ist nicht nur beliebt, weil er lange blüht, sondern auch, weil er leicht zu pflegen ist. Hier soll auf die mehrblütigen Sorten hingewiesen werden. *Paphiopedilum* 'Pinochio' ist ein Beispiel für eine Sorte, die nach dem Verblühen einer Blüte sofort eine weitere folgen läßt. Die Gesamtblütezeit dauert manchmal bis zu einem halben Jahr. Interessant sind auch Kreuzungen, die mit mehreren Blüten gleichzeitig

Eine *Odontioda*-Hybride. Solche Kreuzungen haben nur noch wenig mit der Stammform *Odontoglossum crispum* gemeinsam. Gepflegt werden wollen sie allerdings wie diese Gattungen.

nämlich sogenannte Terminal-, also Spitzenknospen. Kommt es nicht zu einer Bestäubung, entwickeln sich nach dem Verblühen der Hauptblüte an der Spitze Einzelblüten, und zwar eine, zwei oder auch drei. Eine neue vollständige Rispe erhält man jedoch, wenn man die Rispe oberhalb des dritten oder vierten Nodiums (Stielknotens)

abschneidet. Nach ca. drei Monaten treiben neue Blüten. *Phalaenopsis*-Stiele sollte man also immer erst abschneiden, wenn sie trocken und gelb geworden sind.

Vanda, die blaue Orchidee, einst eine Kostbarkeit, ist heute als Hybride nicht mehr so selten. Pflege und Herkunft wie *Ascocentrum*.

Odontonia 'Moliere' ist auch heute noch ein Schmuckstück für jede Orchideensammlung (oben). Bei der *Wilsonara*-Hybride ist der Einfluß von *Oncidium tigrinum* deutlich erkennbar (rechts).

blühen. Eltern sind *P. philippinense* oder *P. rothschildianum*. Zuchtziel für die Schnittblumen waren einst große, möglichst runde Blüten. Das Ziel ging zu Lasten der Vielblütigkeit, heute werden offene und runde Sorten im Handel angeboten. Jeder kann selbst wählen, ob er mehr oder größere Blüten bevorzugt. Auch bei *Phalaenopsis* wurde jede Zuchtarbeit darauf ausgerichtet, perfekte, möglichst große, runde Schnittblumen zu bekommen. Alle nicht so perfekten wurden Topfpflanzen. Heute sind kompakte, mehrfach verzweigte Rispen das Ziel. Daneben werden Sorten bevorzugt, die eine zweite Blüte, nach dem Entfernen der Blütenstielspitze entwickeln. *Phalaenopsis* haben

Orchideen im Kleinformat

Miniaturpflanzen sind modern – vom Miniusambaraveilchen bis zum Mini-Weihnachtstern. Bei den Orchideen ist das nicht anders, sie mußten aber nicht erst gezüchtet werden, denn fast zwei Drittel aller Orchideen sind von Natur aus »Minis«.
Vielleicht muß man den Begriff Miniaturorchideen noch ein wenig näher erläutern. Gemeint sind Orchideen, die ohne Blüte nicht größer als 15 cm werden. Selbstverständlich eine willkürliche Regelung. Es gibt nämlich auch Arten, die inclusive Blüte nur 2 cm hoch sind.

Für Orchideensammler und Sammlungen im letzten Jahrhundert waren nur die großblumigen Exemplare wünschenswert, die kleinen blieben vom Sammlereifer verschont. Erst Botaniker mußten sich für die kleinen Arten interessieren, sie wurden beschrieben und getrocknet. Von den lebenden Exemplaren kamen nur solche in die Sammlungen, deren Blüten im Verhältnis zum Habitus der Pflanze groß waren, wie *Laelia pumila* oder *Sophronites coccinea*. Jetzt, wo immer mehr Menschen weltweit Orchideen sammeln, haben die Minis ihre Chance, denn nicht jeder hat gleich ein Gewächshaus. Miniaturorchideen lassen sich auf kleiner Fläche in großer Zahl unterbringen und sie sind auf den zweiten Blick genau so schön wie die großen Pflanzen. Zu pflegen sind die Miniaturen natürlich auch nicht anders als die großen Artgenossen, zumal es in vielen Gattungen und an allen Standorten immer Arten gibt, die eben »nur« kleiner sind als die anderen. Daneben gibt es aber auch Gattungen, zu denen nur kleine Arten zählen. In der Natur wachsen sie wie die anderen, sie passen sich an, um zu überleben.

Als Epiphythen, aufgebunden auf einen Ast oder untergebracht in einer Vitrine, lassen sich mit ihnen Miniaturlandschaften mit großem Artenreichtum schaffen.

Die geschützte Umgebung bekommt ihnen besonders gut. Auch ein kleines Gewächshaus behagt ihnen. Große Häuser und Wintergärten müssen erst durch viele Pflanzen »tropisch« werden,

Ascocentrum miniatum, eine gar nicht seltene Art aus Thailand und Indien.

Sophronites coccinea ist die wohl bekannteste Zwergorchidee für die Züchtung mit *Laelia* und *Cattleya*. Die Pflege erfordert viel Aufmerksamkeit.

sonst fühlen sie sich verloren. Bei vielen zeigt sich die volle Schönheit erst, wenn sie mit Hunderten von – wenn auch winzig kleinen – Blüten blühen. Andere faszinieren durch ihre Ähnlichkeit mit Insekten. Wie Spinnen, Wespen oder Fliegen, die sich gerade auf einer Pflanze niedergelassen haben, sehen sie aus und täuschen potentielle Bestäuber.

Wer Miniaturen sammeln will, muß allerdings Geduld mitbringen. Im Gartencenter oder Blumengeschäft werden sie kaum angeboten, denn an einem Wochenende ohne Pflege wären sie schon vertrocknet. Man muß sich also auf die Suche machen. Anzeigen in der Zeitschrift der Deutschen Orchideen Gesellschaft oder Verkaufausstellungen führen eher zum Ziel. Nur muß man wissen, was man sucht. Miniaturen sollte man vor dem Kauf in botanischen Gärten kennen lernen, dort, wo große Exemplare gepflegt werden. Beschreibungen sind unzureichend, auch Fotos können täuschen.

Orchideengärtner führen immer einige »größere« Minis, wie *Ascocentrum miniatum, Brassavola nodosa, Cattleya luteola, Dendrobium aggregatum, Dendrobium kingianum, Laelia pumila,* *Leptotes bicolor, Masdevallia infracta, Lemboglossum cervantesii* oder *Sophronitis coccinea.* Spezialisten kultivieren dann die Schätze wie *Angraecum, Bulbophyllum, Barbosella* oder *Restrepia.*

Daß inzwischen sogar Minikreuzungen bei *Phalaenopsis* und *Cattleya,* aber auch bei *Oncidium* gibt, spricht für das zunehmende Interesse. Es sind überwiegend Hobbyzüchter, die, weil ohne kommerzielle Überlegungen, auch das Wagnis eines Mißerfolges riskieren. Ihnen verdankt dann der Erwerbsgärtner manch schöne Neuheit.

Botanische Orchideen

Diese Auswahl wurde nach den Katalogen, Preislisten und Angeboten deutscher Orchideengärtner zusammengestellt. Damit soll sicher gestellt werden, daß die Pflanzen auch im Handel verfügbar sind. Angeboten werden sie als Nachzuchten, bzw. Teilpflanzen. Die Pflegehinweise beruhen auf Erfahrungswerten.

Aerides odoratum
Wohlriechende Luftorchidee

Monopodialer Wuchs, fleischige bis 25 cm lange Blätter. Blüte wachsartig weiß, an der Spitze rosa, stehen in Trauben, vielblütig. Einzelblüten 3 cm. Herbstblüher, duftend!
Heimat: Tropisches Asien.
Pflege: Warm, gleichmäßig gießen.

Angraecum sesquipedale (Macroplectrum sesquipedale)
Anderthalbfüßiger Tropensporn

Pflanzen sehr groß, bis 70 cm, Blätter blaugrün, fleischig. Bis 18 cm breite, weiße Blüten, Hauptmerkmal ist der bis 30 cm lange Sporn.
Heimat: Madagaskar
Pflege: Warm, halbschattig bis schattig, grobes Substrat. Alte Pflanzen entwickeln Seitentriebe; diese nur zur Vermehrung entfernen, sonst als »Busch« lassen. Mehrblütige Pflanzen sind besonders eindrucksvoll. Viel Frischluft, nie ganz austrocknen lassen. Winterblüte.

Ansellia africana
Afrikanische Ansellie

Bis 50 cm lange Bulben, mit breiten langen Blättern, Wurzeln an der Basis frei abstehend. Rispen mit 150 Einzelblüten, ca. 4 cm breit, fahl grün, dunkle Flecken, Lippe mit gelbem, leuchtenden Vorderlappen.
Heimat: Westafrika
Pflege: Kultur unproblematisch, man braucht jedoch viel Platz. Flache Gefäße verwenden. Nicht häufig verpflanzen, reichlich düngen. Als Kübelpflanze geeignet für Wintergärten. Frühjahrs- und Sommerblüher.

Ansellia africana, eigentlich eine ideale Wintergarten-Orchidee (links). *Barkeria spectabilis* zeigt ihre volle Schönheit erst bei großen Exemplaren. (rechts).

Bifrenoria horrisoniae ist leicht zu kultivieren, wenn man sie kühl hält und die Ruhezeit beachtet.

Ascocentrum miniatum

Monopodialer Stamm, nur 10 bis 15 cm hoch, Blätter fleischig. Blütenstand als Traube, vielblütig, Einzelblüte 2 cm mit Sporn, gelb oder orange.
Heimat: Thailand, Indien.
Pflege: Warm, viel Licht, hohe Luftfeuchte. Frühjahrsblüte.

Barkeria spectabilis

Stämme aufrecht bis 80 cm hoch, dicke fleischige Wurzeln, Blüten als Traube, Einzelblüte 5 cm breit, bleichlila, Lippe rötlich-purpurn getüpfelt.
Heimat: Mexiko, Guatemala, El Salvador.
Pflege: Erdiges Substrat wählen, flache Gefäße. Immer etwas feucht halten. Temperierte Kultur, aber hell; erst wenn die Blätter rötlich verfärben, schützen! Sommerblüte.

Bifrenaria harrisoniae
Harrisons Bifrenarie

Eiförmige Bulbe, ein mehrjähriges Blatt, Bulben eng zusammengedrückt. Traube mit wenigen Blüten, 7 cm breit, weißgelb, dunkel-pupur geaderte Lippe, selten rein weiße Form mit gelber Lippe, duftend.
Heimat: Brasilien bis Venezuela.

Pflege: Kalter Temperaturbereich, im Sommer im Garten, Ruhezeit streng einhalten, Frühjahrsblüte.

Bletilla striata
Gestreifte Bletilla

Rhizome im Boden, knollig, die Blätter sehen aus wie gefaltet, bis 70 cm lang. Die Blüte einer Hyazinthe nicht unähnlich, sie besteht allerdings aus nur 3-8 Einzelblüten, ca. 4 cm breit, rötlich-lila, auf der Lippe weiße Lammellen.
Heimat: China, Japan.
Pflege: Diese Pflanze wird bei uns hin und wieder als Staude in Gartenkatalogen angeboten. Winterhart ist sie jedoch nur im Weinbergklima mit Frost- und Fäulnisschutz. Substrat grob erdig, Lehmzusatz. Wenn man die flachen Töpfe im Keller frostfrei überwintert, dabei trocken werden läßt und im Mai eingesenkt im Garten weiterkultiviert, kann man große Pflanzen haben. Frühjahrs- oder Sommerblüte.

Brassavola nodosa
Knotige Brassavola

Stielrunde, pfriemige Bulben, die fast übergangslos in das Blatt übergehen. Gesamthöhe ca. 15 cm. Meist dreiblumiger Stiel mit bis 10 cm breiten Einzelblüten. Weiß, manchmal auch gelblich-grün. In der Nacht ausgesprochen wohlriechend.
Heimat: Tropisches Amerika, Westindien.
Pflege: Diese »große« Zwergorchidee gehört zu den Pflanzen, die sowohl warm als auch temperiert sicher zur Blüte kommen.
Trotz der sukkulenten Blätter verträgt sie auch schattige Standorte. Aufgebunden oder im Topf. Herbstblüte.

Brassia antherotes
Spinnenorchidee

Pflanze bis 40 cm hoch, abgeflachte Bulben. Der Blütenschaft trägt bis zu 10 Einzelblüten und wird bis 50 cm lang. Die Einzelblüte ist gelblich-grün und braun gefleckt; die Lippe ist rötlichbraun.

Heimat: Mittel- und östliches Südamerika.
Pflege: Problematisch ist der kraftvolle Wuchs, die Pflanzen werden schnell zu groß. Ruhezeit beachten. Temperiert fühlt sie sich wohl, verträgt aber in der Wachstumszeit auch Wärme. Halbschattiger Standort. Reichlich düngen. Sommerblüher.

Brassia verrucosa
Warzige Spinnenorchidee

Wie die vorgenannte Art, jedoch kompakter, zweiblättrig, Bulbe abgerundeter. Rispe bis 60 cm lang, vielblütig, bis zu 20 Einzelblüten. Jede ist ca. 8 cm breit, Grundfarbe grünlich-gelb, mit einigen schwarzbraunen Flecken am Grund. Die Lippe ist weiß, mit gewelltem Rand, warzenartige, dunkelbraune, zum Zentrum zu grünliche Tupfer. Haltbarkeit leider nur 14 Tage.
Heimat: Mittelamerika.
Pflege: Viel Licht, feuchte Luft, während der Wachstumsphase Feuchtigkeit und hohe Nährstoffgaben. In der Ruhezeit trocken halten, sie dürfen nicht durchtreiben, sonst bilden sie keine Blüte. Trotzdem nicht zu kalt stellen. Sommerblüher.

Bulbophyllum dayanum

Bulben 5 cm hoch, zweiblättrig, ledrig, blaugrün. Abstand der Bulben 7 cm. Blüte 2 bis 3

Brassia verrucosa **ist eigentlich leicht zu pflegen, wenn man ihr die Ruhezeit gönnt.**

blütig, 4 cm breit, gelbgrün, rot gepunktet, lange Wimpern an den Rändern. Lippe hellpurpur mit Warzen.
Heimat: Thailand.
Pflege: Warm, halbschattig, aufgebunden oder in flachen Schalen, sehr durchlässiger Pflanzstoff. Immer leicht feucht halten, niemals naß. Blüte ganzjährig möglich.

Calanthe vestita
Bekleidete Schönorchis

Angeboten wird häufig die Hybride *Calanthe* 'Harrissi' mit rein weißen Blüten. *Calanthe vestiata* hat eiförmige, bis 15 cm hohe Bulben, silbrig grau bis hellgrün. Blätter sehr weich, groß. Blütenschaft bis zu 100 cm, vielblütig, Einzelblüte 5 cm breit, weiß, Lippe rosa mit dunklem Zentrum.
Heimat: Südostasien.
Pflege: Gehalten werden die Pflanzen im warmen Bereich in nährstoffreichem Substrat. Es kann sogar normale Blumenerde mit einem Styroporzuschlag sein.
Mit dem Neutrieb wird jährlich verpflanzt. Angepaßt an die Entwicklung der Blätter wird reichlich gegossen und gedüngt. Nach der Reife bildet sich die neue Knospe, jetzt wird weniger gegossen. Die Pflanzen stoßen die Blätter vollständig ab. Die lange Blütezeit dauert mehrere Wochen. Danach unbedingt vollkommen bis zum Neutrieb trocken halten. Herbst- und Winterblüher.

Chysis bractescens
Deckblattartige Hängeorchis

Dicke, fleischige, lange Bulben mit mehreren weichen Blättern an der Spitze. Mit dem Neutrieb entwickeln sich jeweils 5-8 Blüten. Sie sind ca. 8 cm breit, weiß, wie aus Wachs hergestellt und duften. Die Lippe ist innen gelb und ebenfalls fleischig.
Heimat: Mexiko.

Brassavola nodosa ist die erste tropische Orchidee, die in Europa zur Blüte kam (oben). Der Habitus von *Calanthe vestita* macht sie zwar nicht gerade zu einer schönen Zimmerpflanze, doch die Blüte entschädigt für vieles (unten).

Pflege: Trotz der weichen Blätter hell kultivieren, die Wachstumszeit, die ja mit der Blüte beginnt, ist relativ kurz, sie verlangt viel Feuchtigkeit und Nährstoffe. In der Ruhephase dürfen die Pflanzen nie ganz trocken werden. Am eindrucksvollsten entwickeln sich die Pflanzen im Holzkörbchen oder Ampeltopf. Frühjahrsblüte.

Cochleanthes discolor

Epiphytisch, Blätter buschig, ohne Bulben, weich, ca. 20 cm lang. Blüten einzelstehend an einem ca. 10 cm langen Schaft, bis 8 cm breit, grünlich, violett überhaucht, auffällig. Lippe weiß mit fleischigen, purpurnen Kämmen. Leicht duftend.
Heimat: Kuba, Honduras, Panama und Venezuela.
Pflege: Kultur einfach, halbschattig, gleichmäßig wässern, vorsichtig düngen. Pflanzstoff feiner wählen. Aufbinden mit Moos. Kaum Ruhezeit, temperiert. Sommerblüte.

Coelogyne cristata
Kammartige Coelogyne

Eiförmige, bei einigen Varietäten mehr längliche Bulben, gekrönt von zwei Blättern. Die Bulben sitzen nah beieinander oder sind durch Rhizome getrennt. Blütenstand bis zu 8 Einzelblüten, diese sind reinweiß, bis 10 cm breit, die Lippe mit leuchtend gelben, kammartigen Streifen.

Heimat: Himalaya bis 2000 m Höhe.
Pflege: In warmen Räumen schwierig. In der Wachstumszeit braucht sie viel Wasser und Nährstoffe; für Kultur im Körbchen geeignet. Ruhezeit bei kühlen Temperaturen, luftig, bis zum Schrumpfen der Bulben. Danach bildet sich die Blüte, und es folgen die neuen Triebe. Winterblüte.

Coelogyne massangeana
Massanges Coelogyne

Birnenförmige Bulben, mit zwei bis 50 cm langen Blättern. Blüten hängend, vielblütige Traube, Einzelblüte ca. 5 cm breit, ockerbraungelb. Lippe mit braunen Seitenlappen, Spitze weiß. Angenehmer Duft
Heimat: Assam.
Pflege: Kultur wegen der hängenden Blüten unbedingt im Körbchen. Da die Pflanze fast ganzjährig treibt, ist sie leicht zu pflegen. Die Blüten kommen überwiegend im Herbst und Frühjahr, bei guter Kultur aber fast ganzjährig. Viel Nährstoffe, immer leicht feucht, niemals naß halten.

Dendrobium aggregatum
Büscheliges Dendrobium

Kurze, ca. 5 cm lange Sproßknollen, ledriges Einzelblatt, dunkelgrün. Bekannt sind auch Varietäten mit noch kleineren

Blättern. Die Blütentraube entwickelt bis 15 hellgelbe Einzelblüten, ca. 3 cm breit. Lippe gefranst, dunkles Gelb. Die Haltbarkeit der Blüte ist gering.
Heimat: China, Indien, Burma und Thailand.
Pflege: Aufgebunden und im Körbchen fühlen sich die Pflanzen am wohlsten. Temperiert, halbschattig, Ruhezeit bis 8 °C, trocken. Frühjahrsblüte.

Dendrobium chrysotoxum
Goldbogiges Dendrobium

Wie letztgenannte Art, nur größer.
Heimat: Burma.
Pflege: Kultur kühler, luftiger als bei *D. aggregatum*. Dafür muß die Ruhezeit weniger streng eingehalten werden. Winter- bis Frühjahrsblüher.

Dendrobium kingianum
Mr. Kings Dendrobium

Vielgestaltige, lithophytisch wachsende Pflanzen. Kleine, nur 5 cm hohe und größere Varietäten. Dunkelgrün gefärbte Blätter. Blüten vielblütig, bis 2,5 cm breit, rosa, purpurn oder weiß. Lippe dunkler.
Heimat: Australien.
Pflege: Bei dieser Pflanze sind alle Kulturarten möglich, aufgebunden, im Topf, warm, temperiert oder kalt. Blüten erscheinen jedoch nur nach einer kühlen, trockenen Ruhezeit. Winter- bis Frühjahrsblüte.

Dendrobium thyrsiflorum **wird nicht mehr häufig kultiviert, obwohl sie eine der schönsten Orchideen aus dem Himalaja ist.**

Dendrobium thyrsiflorum
Straußblumiges Dendrobium, Spiegeleiorchidee

Bulben aufrecht bis 40 cm hoch, zwei bis fünf dunkelgrüne, ledrige Blätter. Blüten in eindrucksvollen Trauben. Einzelblüte ca. 4 cm breit, weiß, Lippe gelb, daher der Name »Spiegeleiorchidee«. Manchmal auch als Varietät von *Dendrobium densiflorum*, Dichtblumiges Dendrobium beschrieben, die gelbe bis orangegelbe Blüten mit einer dunkelgelbe Lippe hat.
Heimat: Nordindien, Burma.
Pflege: Feuchtwarme, in der Ruhezeit temperierte Kultur. Flache, relativ kleine Töpfe wählen. Eventuell Kieselsteine als Drainage um einen günstigen Schwerpunkt zu erhalten. Frühjahrs- bis Sommerblüte.

Doritis pulcherrima

Im Habitus wie *Phalaenopsis*, Blätter nur fester und kürzer. Blüten klein, lila bis purpurrosa, zurückgeschlagene Blütenblätter. Lippe dunkel, an der Spitze weiß oder gelb.
Heimat: Burma, Indochina, Sumatra.
Pflege: Kultur wie *Phalaenopsis. Doritis* ist auch mit einem hellen, nicht so feuchten Standort zufrieden. Sommerblüte.

Encyclia atropurpurea
syn. *Epidendrum atropurpureum*
Purpurrote Baumorchidee

Kugelige, flache Bulben mit ledrigen Blättern, Pflanzen bis 60 cm hoch. Blüten an einer ca. 80 cm langen, verzweigten Rispe. Ca. 5 cm breit, rotbraun, auf grünlichem Grund, Lippe weiß, an der Basis purpurrot.

Schwacher Duft.
Heimat: Tropisches Amerika.
Pflege: Eigentlich hindert nur die Größe der Pflanzen letztlich daran, daß sie sich als Zimmerpflanzen durchsetzen. Wachsen und Blühen jedenfalls macht keine Probleme. Der Standort muß hell und luftig sein. Ob temperiert oder warm ist nicht wichtig. Ruhezeit wie bei *Cattleya*. Sommerblüte.

Encyclia nemoralis syn. *Epidendrum nemorale*
Hainbewohnende Baumorchidee

Habitus wie die vorgenannte, Bulben etwas runder, Blüten größer, bis 12 an einem Schaft. Lilarosa, Lippe etwas heller, vorne purpurn geadert.
Heimat: Mexiko.
Pflege: Kultur wie *Cattleya*, verträgt jedoch, nach Gewöhnung, viel Licht. Im Sommer im Garten in einen Laubbaum hängen. Sommerblüte.

Epidendrum cochleatum syn. *Encyclia cochleata Hormidium cochleatum*
Muschelfömige Baumorchidee

Seitlich zusammengedrückte, längliche Bulben, Blätter dunkelgrün, bis 20 cm lang. Der Blütenschaft steht nur kurz über dem Laub. Die Blüten öffnen sich nacheinander, sie sind ca. 4 cm breit, gelblich-grün, die Lippe an der Basis grün, purpurn geadert und an der Spitze weiß.
Heimat: Tropisches Amerika.
Pflege: Die Einzelblüte hält mehrere Wochen. Da sich die Blüten nacheinander öffnen, blüht die Pflanze so über Monate. Kultur im temperierten Bereich. Ruhezeit nur kurz, aber hell und trocken. Frühjahrs-, Sommer- und Herbstblüher. In letzter Zeit werden sie wieder häufiger angeboten.

Epidendrum fragrans syn. *Encyclia fragrans* syn. *Hormidium fragrans*
Wohlriechende Baumorchidee

Habitus wie *E. cochleatum*, Bulben etwas kürzer, Blüte duftend, jeweils ca. 5 Blüten am Schaft. Grünlich bis gelblich weiß, ca. 3 cm breite Einzelblüten. Lange haltbar. Lippe rotbraun oder purpurn gestreift.
Heimat: Tropisches Amerika.
Pflege: Kultur ohne Probleme, blüht zuverlässig im temperierten und auch im kühleren Bereich.
Frühjahrs- und Sommerblüher.

Hormidium citrinum
Zitronengelbe Cattleya

Zu der Gattung *Hormidium* wird eine Pflanze gezählt, die in der Literatur als *Cattleya citrina* bekannt ist. Auch als *Encyclia citrina* wurde sie schon beschrieben. Wo sie zur Zeit hingehört, weiß man nicht, vielleicht sollte man ihr eine eigene Gattung zubilligen. Sie ist heute sehr selten geworden.
Sie besitzt schlanke, zylindrische, abwärts gerichtete Bulben, je durch zwei blaugrau- grüne Blätter abgeschlossen. Blatt und Bulbe sind ca. 30 cm lang. Blütenschaft ebenfalls hängend. Gelbgrüne bis zitronengelbe, stark duftende Blüten. Lippe an der Spitze weiß umrandet, orangegelber Mittelfleck mit grüner Aderung. Blüten bis ca. 6 cm groß.

Heimat: Mexiko.
Pflege: Die Kultur ist ziemlich heikel, am besten aufbinden und mit Kakteen zusammen kultivieren, also hell, viel Wasser in der Wachstumszeit und eine strenge Ruhephase. Sommerblüher.

Gongora galeata
Helmartige Gongora

Auf 3 cm hohen Bulben sitzen 25 cm lange, bis 10 cm breite Laubblätter. Die Blüten entwickeln sich hängend, sie sind als Traube angeordnet. Bräunlich oder gelb, 3 cm breit, mit einer dunkleren Lippe, auf der eine hakenförmige Spitze sitzt.
Heimat: Mexiko.
Pflege: Robuste Orchidee, sichere Blüte, kaum Probleme in der Kultur. Gefährdet sind lediglich die jungen Triebe, die leicht ein Opfer der Läuse werden und zur Schwarzfäule neigen, wenn zuviel gegossen wird. Die Temperatur ist in der Wachstumszeit unwichtig, jedoch muß eine Ruhezeit eingehalten werden. Sommerblühend.

Habenaria rhodocheila

Terrestrische Pflanze mit knolligen Wurzeln. Weiche Blätter, Stamm bis 35 cm lang, Blätter am Stamm verteilt. Blüte variationsreich, rot, orange oder gelb. Lippe heller. Sie erscheint an der Spitze der Stämme.
Heimat: Indochina, China.
Pflege: Die Pflanzen werden manchmal als »Knollen« im Ver-

sandhandel angeboten. Mindesttemperatur 18 °C. Das Substrat kann erdig, muß aber luftig sein. Buchenlaubzusatz hat sich bewährt.

Jährlich neu umtopfen mit neuem Trieb. Das Laub stirbt nach der Blüte ab. Ruhezeit einhalten, ohne daß die Pflanzen jedoch total vertrocknen. Sommerblüher.

Ionopsis utricularioides
syn. *Ionopsis paniculata*
Schlauchkraut, Ionopsis

Nur 2 cm kleine Bulben tragen zwei ledrige Blätter, die ca. 10 cm lang werden. Der Blütenschaft verzweigt sich, wird bis 25 cm lang und zeigt viele 1 cm breite, zart rosa-lila farbene Blüten mit dunkelpurpurnen Flecken.
Heimat: Mittel- und östliches Südamerika.
Pflege: Die Kultur ist nur in feuchtwarmen, aber hellen Räumen möglich. Die Pflanzen sollen zur Nacht abtrocknen, im Licht aber viel Feuchtigkeit vertragen. Vorsichtig düngen, am besten aufgebunden halten. Zur Ruhezeit nur 2-4 °C niedriger kultivieren als sonst, aber immer hell.
Manchmal werden Pflanzen der Gattung *Comparettia*, überwiegend Kreuzungen, angeboten, sie werden wie *Ionopsis* kultiviert. Ihre Farben, von Rot bis Orange, reizen zwar zum Kauf, doch auch sie sind ausgesprochen schwierig zu pflegen! Winterblühend.

Ludisia discolor
syn. *Haemaria discolor*
Verschiedenfarbige Blutorchidee

Pflanze mit kriechenden, später aufgerichteten Stengeln, mit samtartigen, broncegrünen, fast braunroten Blättern mit weißgelben Streifen. Kontrastreich dazu die, wenn auch kleine, weiße Blüte mit gelber Lippe.
Heimat: Indien, Indochina und Indonesien.

Epidendrum fragrans gehört sicher zu den dankbarsten, wenn auch nicht zu den attraktivsten Orchideen.

Pflege: Bei uns als Weihnachtsorchidee angeboten. Eigentlich mehr wie eine »normale« Grünpflanze zu pflegen. Schattig, gleichmäßig feucht. Flache Gefäße oder Ampeln mit guter Drainage. Winterblühend.

Lycaste aromatica
Würzige Lycaste

Mehr ovale, zusammengedrückte Bulben mit je zwei Blättern. Die Blüten erscheinen am Bul-

Lycaste virginalis, das National-symbol Guatemalas, ist heute extrem selten und teuer.

violett-rosa oder lila-rot, immer auffallend leuchtend.
Heimat: Kolumbien.
Pflege: Diese *Masdevallia* ist das ganze Jahr über kalt, luft-feucht und auch im Ballen gleichmäßig feucht und niemals naß zu halten. Eigentlich ist dies nur in einer Spezialsammlung möglich. Wer aber einmal mit diesen Pflanzen zu tun hatte, kommt niemals wieder von ihnen los. Blüten trägt sie das ganze Jahr über; Schwerpunkt der Blüte ist das Frühjahr.

bengrund, ca. 5 cm breit, grün-lich-gelb, Lippe orange, zahlreich und nach Zimt duftend.
Heimat: Mittelamerika.
Pflege: In der Wachstumszeit müssen die Pflanzen laufend feucht gehalten werden, dabei stellen sie hohe Ansprüche an die Nährstoffe. Schattig, aber luftfeucht halten. In der Ruhe-zeit trocken und kühl halten, das Laub wird dann abgestoßen. Erst mit dem Neutrieb erschei-nen die hübschen Blüten. Früh-jahrsblühend.

Lycaste virginalis
syn. *Lycaste skinneri*
Jungfräuliche Lycaste

Im Habitus wie vorgenannte Art, im Ganzen etwas größer. Blüten viel größer, bis 12 cm breit, weiß bis dunkelrosa, Lippe dunkel gefleckt.

Heimat: Mittelamerika.
Pflege: Kultur dieser selten gewordenen und besonders geschützten Art wie die voher-gehende Art. In Guatemala ist die Pflanze auf Münzen und Briefmarken als Nationalsymbol zu finden. Tausende wurden nach Europa gebracht. Eine rein weiße Art gilt als die kostbarste Orchidee in Guatemala. Frü-jahrsblühend, Einzelblüten aber bis in den Herbst.

Masdevallia coccinea
Scharlachrote Masdevallie

Die Bulben sind nur rudimentär entwickelt, an einem langen Stiel sitzt ein ledriges Laubblatt. Die gesamten Blätter bilden ein Pol-ster.
Der Blütenschaft wird bis ca. 30 cm lang und steht über dem Laub. Die Blüten sind 4 cm breit,

Masdevallia tovarensis
Tovars Masdevallie

Habitus wie vorgenannte, nur im Ganzen gedrungener. Blüten meist zwei, selten mehr an einem Schaft. Einzelblüte weiß, ca. 3 cm breit.
Heimat: Venezuela.
Pflege: Wie die vorgenannte Art zu behandeln, jedoch wär-mer. Die Blüten erscheinen im Winter, blühen aber aus dem Schaft im nächsten Jahr noch einmal. *Masdevallia* werden, bis auf die genannten, nur in Spezial-gärtnereien geführt, obwohl auch wärmer zu pflegende Arten als Zimmerorchideen vorstellbar sind. Größere Sammlungen gibt es in botanischen Gärten. In England, Japan und USA findet man auch Hybriden. Bei uns ist sie wenig verbreitet.

92

Maxillaria picta
Gefleckte Maxillarie

Längliche, 3 cm hohe Bulben, dicht gedrängt mit jeweils einem Blatt. Blüten entstehen an der Basis, reichblühend, duftend. Die Einzelblüte ist 5 cm breit, gelb bis braun und rot oder bräunlich gefleckt. Lippe heller, gepunktet.
Heimat: Brasilien.
Pflege: Alle heute kultivierten Pflanzen stammen wohl aus Importen des letzten Jahrhunderts. Durch Teilung läßt sich diese unproblematische Pflanze nämlich leicht vermehren. Im temperierten und kalten Bereich jedenfalls blüht und wächst sie hell oder schattig, trocken oder luftfeucht. Auch in der Ruhezeit beansprucht sie etwas Feuchtigkeit und immer Frischluft. Frühjahrsblühend.

Maxillaria tenuifolia
Zartblättrige Maxillaria

Im Habitus der vorgenannten ähnlich, jedoch etwas kleiner. Blüten bräunlichrot, heller gepunktet oder umgekehrt. Lippe immer weißlich gepunktet.
Heimat: Mittelamerika.
Pflege: Kultur wie *Maxillaria picta*.

Phragmipedium caudatum
Geschwänztes Phragmipedium

Blätter wie beim Frauenschuh, ledrig aufrecht, glänzend graugrün und recht groß. Die Pflanzen wachsen epiphytisch und lithophytisch. Blüte bis zu drei an einem Schaft, 12 cm breit, die Fahne ist grünlich geadert, Grundfarbe Weiß oder Grün. Die seitlichen Blütenblätter, die Petalen, entfalten sich nach dem Erblühen auf eine beachtliche Länge (bis 45 cm). Sie sind bräunlich-grün. Die Lippe (Schuh) ist braun.
Heimat: Peru.
Pflege: So wie die *Paphiopedilum* auf den asiatischen Raum beschränkt sind, wachsen *Phragmipedium* nur in Südame-

Die Farbe von *Masdevallia coccinea* leuchtet auch im Nebelwald ihrer Heimat (oben). *Maxillaria rufescens* – gut kann man hier die typische Blüte erkennen (unten).

93

rika und *Cypripedium* in Europa, Asien und Nordamerika. Die Kultur der eindrucksvollen Pflanzen ist eigentlich nicht schwierig, trotzdem sind sie selten. Sie brauchen es temperiert, eher kühl und immer etwas feucht. Sie wachsen langsam, werden jedoch einmal stattliche Exemplare. Frühjahrsblühend.

Pleione formosana
Formosa-Pleione

Bulben ca. 1-2 cm Durchmesser, rund, die weichen, großen Blätter bleiben nur eine Saison. Blüten wie kleine *Cattleya*, botanisch aber der *Coelogyna* näher. Mit 5 cm relativ groß.
Heimat: China.
Pflege: Die Pflanzen werden immer wieder in Versandhauskatalogen als winterharte Stauden angeboten. Zwar vertragen

sie die Kälte bei uns, nicht aber das naßkalte Klima. Mit Winterschutz ist ausplanzen möglich. Besser überwintert man die Bulben im Kühlschrank und topft im März jedes Jahr neu ein. Frühjahrsblühend.

Renanthera imschootiana
Imschoots Nierenbeutel

Monopodial, recht lang werdende Pflanze mit ledrigen, rauhen Blättern. Der Blütenschaft entwickelt viele Blüten, die Einzelblüte ist noch ca. 3 cm breit und orange- oder scharlachrot punktiert. Lippe weiß mit roten Punkten.
Heimat: Assam, Indochina.
Pflege: Diese wunderbaren Orchideen lassen sich im warmen Zimmer leicht pflegen, sie waren allerdings selten gewor-

den. Jetzt werden wieder Sämlingsnachzuchten angeboten. Gleichmäßige Bedingungen, also Feuchtigkeit und Wärme, sind der Schlüssel zum Erfolg. Ruhezeit durch Trockenheit über drei bis vier Wochen nur andeuten. Frühjahrsblühend.

Rhyncolaelia digbyana syn. *Brassavola digbyana*

Keulenartige Bulben, ein fast graugrünes Laubblatt, die ganze Pflanze ist gedrungen. Abhängig vom Licht verstärkt sich der graue Belag. Blüte wie *Cattleya*, weißlich grün, duftend, Lippe stark gefranst.
Heimat: Honduras.
Pflege: Diese zur Zucht der *Brassocattleya* verwendete Art liebt einen hellen Standort, dazu in der Wachstumszeit Wärme und Feuchtigkeit, sowie reichlich Dünger. Später dann eine nicht zu strenge Ruhezeit. Nur wenn sie hell kultiviert werden, blühen sie auch.

Rhyncostylis retusa
Abgestumpfte Rhyncostylis

Pflanzen im Habitus wie *Vanda*, abwärts gekrümmte Blätter, ledrig fest. Hängende Blütenstände bis 30 cm, Einzelblüte

Pleione formosana wurde nicht selten als Gartenorchidee im Versandhandel offeriert. Doch die Enttäuschung war meistens groß.

Stanhopea oculata. Deutlich erkennbar ist das große Auge, das der Art den Namen gab.

weiß mit rot-lila Flecken, Lippe purpurn.
Heimat: Tropisches Asien.
Pflege: Kultur im Körbchen, warm, luftfeucht und hell. Die Blüten halten sich lange an der langsam wachsenden Pflanze, mehrere Varietäten sind im Handel, bis zu Weiß und dunklem Lila-Rot. Importe meiden, nur etablierte Pflanzen erwerben, sie vertragen die Umstellung besser. In der Ruhezeit darf die Temperatur nur nachts auf 10°C absinken. Sommerblühend.

Rodriguezia secunda
Einseitswendige Rodruguezie

Die Bulben sind 2 cm hoch, durch Rhizome getrennt und tragen 2 bis 4 ledrige dunkelgrüne Blätter, An der Bulbe entwickelt sich auch die traubige, rosa bis rote Blüte. Einzelblütengröße ca. 1 cm breit. Lippe mit fleischigen Schwielen.
Heimat: Kulumbien, Venezuela, Panama, Surinam und Trinidad.
Pflege: Kultur der recht robust aussehenden, aber eigentlich empfindlichen Art im temperierten Bereich. Aufgebunden eher leichter zu halten als im Topf. Auch in der Ruhezeit sollte der Ballen niemals ganz trocken werden. Die feinen Wurzeln strecken sich von der Pflanze weg. Trocknen sie ein oder faulen gar, ist Vorsicht geboten. Die

Wurzeln außerhalb des Gefäßes sind fast wichtiger als die innen. Seit einigen Jahren werden Kreuzungen mit der Gattung angeboten, sie wachsen leichter als die reinen Arten. Auch hier hüte man sich vor Staunässe.

Sophronitis coccinea
Scharlachrote Sophronites

Rhizom kriechend, Bulben länglich gebüschelt, eiförmig, länglich oder rund ca. 2 cm lang. Einblatt, fleischig, bis 5 cm. Blütenschaft aufrecht, 5 cm lang, ein-, selten zweiblütig, signalrote Blüten, Lippe am Grund gelb.
Heimat: Brasilien.
Pflege: Mit den Beschreibungen der Standorte dieser Pflanze kann man ein eigenes Buch füllen, er reicht von schattig bis sonnig, von warm bis zu angeblich überfrorenen Exemplaren,

die gefunden wurden. So wird nur deutlich, das diese Pflanze anpassungsfähig ist. Wichtig ist durchlässiges Substrat, da sie Feuchtigkeit, aber keine Staunässe schätzen. Hohe Luftfeuchtigkeit und Frischluft steigern das Wohlbefinden. Es muß aber hell sein, auch im Winter. Herbst- und Winterblühend.

Stanhopea oculata
Augen-Stanhopea

Bulben ca. 4 cm hoch, rundlich, einblättrig, bis 50 cm lang. Blütenstand hängend, bis zu vier Blüten mit weißlich, gelben Blütenblättern und schwachen Flecken. An der Basis der Petalen beiderseits jedoch ein größerer, dunkler Fleck. Die Lippe ist an der Basis ebenfalls gefleckt. Stark duftend.
Heimat: Mittelamerika.

95

Pflege: *Stanhopea* dürfen nur im Körbchen kultiviert werden, weil die Blüte nach unten wächst. Ab Mitte Mai bringt man sie in den Garten, dort in einen Laubbaum gehängt, finden sie ideale Vorausetzungen. Man darf aber das Düngen nicht vergessen, denn sie benötigen viel Nährstoffe. In der Ruhephase, kühl, viel Frischluft, im Ballen nie ganz trocken, aber lufttrocken. Sommerblühend.

Trichopila tortilis
Korkenzieher-Orchidee

Seitlich gedrückte Bulben, dunkelgrün wie das einzelne Laubblatt. Die gesamte Pflanze ist ca. 15 cm hoch. Blüten mit gedrehten Blütenblättern, grün-gelb, rot überhaucht oder fein gefleckt. Die Lippe ist groß, weiß,

im Schlund gelb und ebenfalls gefleckt.
Heimat: Mexiko, Guatemala Honduras, El Salvador.
Pflege: Eigentlich werden diese wunderbaren Orchideen viel zu selten angeboten, bei gleichmäßiger Feuchtigkeit, auch Luftfeuchtigkeit und einer Mindesttemperatur von 15 °C in der Ruhezeit machen sie kaum Probleme. Am wohlsten fühlen sie sich im Körbchen, wo sie auch die leicht hängenden Blüten wirkungsvoll präsentieren. Winterblühend.

Vanilla planifolia
Flachblättrige Vanille

Meterlang werdende Sprosse, mit dicken fleischigen Blättern, aus den Blattachseln entwickelt sich der mehrblütige Blüten-

stand, in dem sich die Blüten der Reihe nach öffnen.
Sie sind ca. 12 cm breit, grünlich weiß, die Lippe ist ebenfalls weiß und innen gelblich gezeichnet.
Heimat: Mittelamerika und Westindische Inseln.
Pflege: Bei der Größe ist die Vanille natürlich eigentlich keine Topfpflanze. Für ein Orchideengewächshaus oder einen Wintergarten ist sie aber schon auf Grund ihrer Bedeutung als einzige wirklich kommerziell genutzte Orchidee interessant. In nährstoffreichem Boden, am besten ausgepflanzt, entwickelt sie sich

Die Blüte der bekannten *Vanilla planifolia* (links) sowie die Schoten (rechts) dieser bekannten Gewürzpflanze. Erst der Fermentierungsprozeß bringt das Aroma.

Zygopetalum mackaii **ist eine Pflanze, deren Duft berauscht. Die Pflege allerdings ist nur an einem kühlen Standort möglich.**

prächtig und kann nach einigen Jahren auch regelmäßig blühen. Aus den Schoten, den Samenkapseln dieser Orchideen, gewinnt man nach einem Gärverfahren die Vanilleschoten, die ihren einmaligen Geschmack und Duft entwickeln. Schon die Azteken machten aus der Vanille Liebestränke und fertigten Schönheitsmittel.

Zygopetalon mackaii syn. *Zygopetalon intermedium*
Mackays Jochkronblatt

Die Bulben dieser großen terrestrischen Pflanze sind bis 7 cm lang und eng aufeinandersitzend, die Blätter sind bis 50 cm lang. Der Blütenschaft überragt meistens die Blätter, an ihm sitzen bis 10 Einzelblüten, die bis 8 cm breit werden können. Blütenblätter gelblich grün und dunkelpurpurbraun gesprenkelt. Lippe groß, außen gewellt, im Grund weiß mit purpurnen Strei-

fen und Flecken. Die Blüten entwickeln ein berauschenden Duft.
Heimat: Brasilien.
Pflege: Von dieser Art sind viele Hybriden gezüchtet. Die lange Haltbarkeit an der Pflanze machen sie als Topfpflanzen interessant. Allerdings wollen sie nicht zu warm gehalten werden. Immer feucht im Ballen, auch in der Ruhezeit niemals ganz trocken halten. Kräftige Nährstoffgaben in der Wachstumszeit sind wichtig. Der Aufenthalt im Garten bekommt ihnen im Sommer an einer halbschattigen Stelle.

Register

Orchideen-gärtnereien

Herbert Bernhart
Rosenstr. 17
33790 Halle/Westf.
Tel. 05201/2489

Cramer-Orchideen
Zum Steiner 11–13
83347 Berchtesgaden-Strub
Tel. 08652/2982

Willi Elsner
Königsberger Str. 9
48493 Wettringen
Tel. 02557/328

Dieter Hars
Bundesstr. 99a
21039 Escheburg
Tel. 04152/2963

Wilhelm Hennis
Gr. Venedig 4
31134 Hildesheim
Tel. 05121/35677

Burkhard Holm
Alte Bahn
47551 Bedburg/Hau
Tel. 02824/3167

Kaiser-Orchideen
Post Schonungen
Am Stöcking
97453 Schonungen
Tel. 09727/611

Joachim Karge
Bahnhofstr. 22
21368 Dahlenburg
Tel. 05851/266

Orchideen Koch
Lindenhof
57368 Lennestadt 11
Tel. 02721/10187

Hans Lucke
Berschenweg 6
47506 Neukirchen-Vluyn
Tel. 02845/28612

Netzer-Orchideen
Ortsstr. 138
69488 Birkenau-Hornbach
Tel. 06201/32023

H. Popow
Sandkämperstr. 1
38442 Wolfsburg
Tel. 05362/62461

Röllke, Orchideenzucht
Flößweg 11
33758 Schloß Holte-Stukenbrock
Tel. 05207/6647

Jens Röhl
Stemweg 14
59494 Soest-Paradiese
Tel. 02921/60382

Rolfshagener Orchideen
Reinhard Brockmüller
Rolfshagen/Feldstr. 9
31749 Auetal

Ellen Schöttler
Bergstr. 8
58239 Schwerte
Tel. 02304/40669

Siegfried + Elenore Schumann
Krakauer Landstr. 41A
14776 Brandenburg
Tel. 03381/220923

Royal Orchid H. Doll
Theodor-Heuss-Str. 2
53177 Bonn/
Bad Godesberg
Tel. 0228/363067

Valerius und Söhne
Putenweg 68
12355 Berlin
Tel. 030/6633038

Wichmann Orchideen KG
Postfach 111
29229 Celle
Tel. 05141/35011

Zubehör

Ernst Bormann
Neudorfer Str. 199
47057 Duisburg
Tel. 0203/353757

Manfred Meyer
Eckenheimer Landstr. 334
60435 Frankfurt/M.
Tel. 069/546552

Lothar Prior
Wahrkamp 6a
48653 Coesfeld
Tel. 02541/83863

Sieghart Schaurig
Daimlerstr. 12
63512 Hainburg
Tel. 06182/5695

Orchideenliebhaber in Deutschland sind in der

Deutschen Orchideen-Gesellschaft e.V

zusammengeschlossen. Es gibt Landes- und Bezirksgruppen, eine davon bestimmt in ihrer Nähe:

Deutsche Orchideen Gesellschaft e.V.
Von-Möller-Str. 250
33649 Bielefeld
Tel. 0521/441884